Mobile & PC 동시 학습이 가능한

쎄듀런 단어 암기 서비스

학생용

문제 유형	유료 서비스		무료 서비스
	영단어 카드학습 영단어 고르기 뜻고르기 예문 빈칸 고르기	예문 빈칸 쓰기 영단어 쓰기 단어 매칭 게임	영단어 카드학습 단어 매칭 게임

천일문 VOCA 온라인 유료 학습 50% 할인쿠폰 (모든 유형)

할인쿠폰 번호	**LFQ8ZLGS7ZXP**
쿠폰 사용기간	**쿠폰 등록 후 90일 이내**

PC 쿠폰 사용 방법

1 쎄듀런에 학생 아이디로 회원가입 후 로그인해 주세요.
2 [결제내역→쿠폰내역]에서 쿠폰 번호를 등록하여 주세요.
3 쿠폰 등록 후 홈페이지 최상단의 [상품소개→(학생전용) 쎄듀캠퍼스]에서 할인쿠폰을 적용하여 상품을 결제해주세요.
4 [마이캠퍼스→쎄듀캠퍼스→천일문 VOCA 중등 스타트 클래스]에서 학습을 시작해주세요.

유의사항

- 학습 이용 기간은 결제 후 1년입니다.
- 본 할인쿠폰과 이용권은 학생 아이디로만 사용 가능합니다.
- 쎄듀캠퍼스 상품은 PC에서만 결제할 수 있습니다.
- 해당 서비스는 내부 사정으로 인해 조기 종료되거나 정가 등이 변경될 수 있습니다.

천일문 VOCA 온라인 무료 학습 이용권 (일부 유형)

무료 체험권 번호	**TGLNJZZ6ANXR**
클래스 이용기간	**~25.06.30**

Mobile 쿠폰 등록 방법

1 쎄듀런 앱을 다운로드해 주세요.
2 쎄듀런에 학생 아이디로 회원가입 후 로그인해 주세요.
3 마이캠퍼스에서 [쿠폰등록]을 클릭하여 번호를 입력해주세요.
4 쿠폰 등록 후 [마이캠퍼스→쎄듀캠퍼스→천일문 VOCA 중등 스타트 무료 클래스]에서 학습을 바로 시작해주세요.

PC 쿠폰 등록 방법

1 쎄듀런에 학생 아이디로 회원가입 후 로그인해 주세요
2 [결제내역→쿠폰내역]에서 쿠폰 번호를 등록하여 주세요.
3 쿠폰 등록 후 [마이캠퍼스→쎄듀캠퍼스→천일문 VOCA 중등 스타트 무료 클래스]에서 학습을 바로 시작해주세요.

쎄듀런 모바일앱 설치

쎄듀런 홈페이지
www.cedulearn.com

쎄듀런 카페
cafe.naver.com/cedulearnteacher

1001개 문장으로 완성하는 중등 필수 영단어

천일문 VOCA

중등 스타트

이 책을 만든 사람들

김기훈 　現 ㈜쎄듀 대표이사
　　　　　現 메가스터디 영어영역 대표강사
　　　　　前 서울특별시 교육청 외국어 교육정책자문위원회 위원
　　저서　천일문 <Starter·입문편·기본편·핵심편·완성편> / 천일문 GRAMMAR
　　　　　어법끝 / 쎄듀 본영어 / 어휘끝 / 빈칸백서 / 오답백서
　　　　　첫단추 / 파워업 / ALL쏨 서술형 / 수능실감
　　　　　Grammar Q / Reading Q / Listening Q
　　　　　잘 풀리는 영문법 / 거침없이 Writing / 쓰작 / 리딩 릴레이 등

쎄듀 영어교육연구센터
쎄듀 영어교육센터는 영어 콘텐츠에 대한 전문지식과 경험을 바탕으로
최고의 교육 콘텐츠를 만들고자 최선의 노력을 다하는 전문가 집단입니다.

장혜승 선임연구원 · **조연재** 연구원 · **홍세라** 연구원

마케팅	콘텐츠 마케팅 사업본부
영업	문병구
제작	정승호
인디자인 편집	올댓에디팅
표지 디자인	유은아
내지 디자인	윤혜영
일러스트	최유진
영문교열	James Clayton Sharp

펴낸이	김기훈·김진희
펴낸곳	(주)쎄듀 / 서울시 강남구 논현로 305 (역삼동)
발행일	2024년 1월 2일 초판 1쇄
내용문의	www.cedubook.com
구입문의	콘텐츠 마케팅 사업본부
	Tel. 02-6241-2007
	Fax. 02-2058-0209
등록번호	제22-2472호
ISBN	978-89-6806-286-5
	978-89-6806-285-8(세트)

Foreword

<천일문 VOCA> 시리즈를 펴내며

처음 발간된 이래 지금까지 누적 판매 수가 500만 부를 훌쩍 넘어선 천일문 시리즈를 통해 "문장 중심의 영어 효과"는 이미 검증되었습니다. <천일문 VOCA>에서도 문장 중심의 체계적인 어휘 학습이 가능하며, 학습 효과를 극대화하기 위해 다음과 같이 크게 두 가지 도구를 마련하였습니다.

① 1,001개 예문을 통한 자동 복습 시스템

어휘 학습에서 가장 중요한 것은 단연코 '반복'입니다. 뇌 과학적으로 우리는 하루 이내에 모든 새로운 정보의 50%를 잊어버리고, 일주일 이내에 90%를 잊어버리기 때문입니다. 결국 반복을 여러 번 할수록 장기 기억의 가능성이 커지는데, '단어-뜻'만 기계적으로 반복하는 것은 시간 대비 효율이 낮고, 낯선 문맥에서 맞닥뜨렸을 때 저장된 기억에서 불러오는 것이 쉽지 않습니다. 반면, **배운 단어를 문장으로 반복**하면, 그 단어의 뜻과 사용법이 우리의 뇌에 자동으로 기억됩니다.

<천일문 VOCA>에서는 1,001개 예문을 다음과 같이 A, B, C 세 단계로 나누어 문장에 적용하는 훈련을 합니다. 2~3개 DAY 씩 묶어 누적 학습함으로써 자동 복습이 가능합니다. (40~60개 표제어)

각 단어에 제공된 예문 외에 새로운 문맥에서 적용하는 훈련을 반복해야 독해 지문에서 맞닥뜨렸을 때도 자연스럽게 뜻을 떠올릴 수 있습니다.

A	주어진 단어를 각각 빈칸에 채워 문장을 완성하세요.
	315 She is in _____ now. (condition, serious)

> 단어의 각 품사와 의미를
> 파악해서 적용하기

B	<보기>에서 알맞은 단어를 골라 문장을 완성하세요.
	<보기> terrible　anxious　cure　touching fear　disease　screamed　suffered breath　tears
	320 The scientist found a _____ for the _____.

> <보기> 단어들의 의미를
> 모두 떠올려 보고
> 문맥에 조합해 보며 적용하기

C	주어진 우리말에 맞게 다음 빈칸에 알맞은 단어를 쓰세요. (필요시 형태 바꿀 것)
	325 This _____ can help your _____ throat. 이 알약은 인후염에 도움이 될 수 있다.

> 우리말에 알맞은 단어 떠올리기
> → 영어 어순에 맞게 알맞은 빈칸에 넣기
> → 어법에 맞게 단어 변형하여 문장 완성하기

② 쉬운 우리말 뜻풀이

문해력(글을 읽고 이해하는 능력) 부족 문제는 국어뿐만 아니라 영어에서도 걸림돌이 됩니다. 영어단어의 우리말 뜻을 제대로 이해하지 못한 채 달달 외우기만 하면 결국 영어 지문을 독해할 때도 어떤 의미인지 완전하게 이해하기 어렵습니다. <천일문 VOCA>에는 어려운 우리말 뜻마다 쉬운 뜻풀이를 함께 제공하여, 이해 없는 기계적인 암기를 지양하도록 했습니다.

명 경이*, 놀라움　쉬운뜻 *놀랍고 신기한 일　전 1. 도처에* 2. ~동안, 내내　쉬운뜻 *여러 곳에

구성과 특징

※ Preview Check

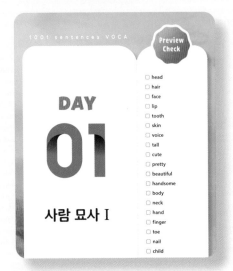

DAY마다 공부할 단어를 미리 ☑ 체크해 보세요.
학습을 마친 후에는 복습용으로도 활용할 수
있어요.

※ 연상 학습 효과를 Up시키는 주제별 분류

각 주제는 최신 교육과정 및 중등 교과서 수록 단어와
표현들을 완벽 분석하여 엄선했어요.

※ Voca Exercise

다양한 유형의 문제를 통해 학습한 단어를
점검해요.

※ 1001 Sentences Review

2~3개 DAY마다 배운 단어들을 다양한 문맥의 문장을
통해 복습해요. 여러 문제들을 풀다 보면 자연스럽게
반복 & 누적 학습이 가능해요.

온라인/오프라인 반복 학습 방법

1 휴대용 단어 암기장

휴대하고 다니면서 어디서나 간편하게
반복 학습이 가능한 단어장을 수록하였습니다.

2 총 세 가지 버전의 MP3파일 제공

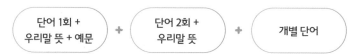

단어 1회 +
우리말 뜻 + 예문
＋
단어 2회 +
우리말 뜻
＋
개별 단어

QR코드 하나로 학습 목적에 따라 여러 버전의 음원을 선택 재생할 수 있습니다.
개별 단어 파일도 제공하여 보다 편리한 학습이 가능합니다.

3 무료 부가 서비스 자료 활용   www.cedubook.com

빈칸 채우기
＋
순서 배열하기
＋
영작하기

다양한 유형의 부가 서비스 자료를 활용하여 학습한 어휘를 완벽하게 복습할 수 있습니다.

4 쎄듀런 학습하기   www.cedulearn.com

암기한 어휘를 쎄듀런 웹사이트와 앱을 통해 학습할 수 있습니다.

학생	선생님
무료 온라인 학습 · 학습 TR(Training) 제공(일부 유형) 유료 온라인 학습 · 학습 TR(Training) 제공(모든 유형) · 복습 TEST 제공 · 누적 TEST 제공	· 온라인 TR/TEST 및 학사관리 제공 · 학교 및 학원용 TEST 인쇄 서비스 제공

쎄듀런

자세히 보기

DAY 15 집안일

281 **add**
[æd]
added – added

동 더하다, 추가하다
- He **added** potatoes to the soup.
  그는 수프에 감자를 추가했다.
➕ **add A to B** A에 B를 더하다, 추가하다

282 **mix**
[miks]
mixed – mixed

동 섞다, 혼합하다*
명 섞인 것, 혼합 가루
쉬운뜻 *뒤섞어서 한곳에 합하다
- **Mix** the flour and water.
  밀가루와 물을 섞어라.
- a pancake **mix**
  팬케이크 혼합 가루[믹스]

283 **cook**
[kuk]
cooked – cooked

동 요리하다   명 요리사
- Dad **cooked** dinner for us.
  아빠는 우리를 위해 저녁을 요리하셨다.
- She is a very good **cook**.
  그녀는 매우 훌륭한 요리사이다.

284 **bake**
[beik]
baked – baked

동 (빵 등을) 굽다
- She **baked** an apple pie.
  그녀는 사과파이를 구웠다.

285 **boil**
[bɔil]
boiled – boiled

동 끓다, 끓이다
- Water **boils** at 100°C.
  물은 섭씨 100도에서 끓는다.
- I **boiled** some water for coffee.
  나는 커피에 사용할 물을 조금 끓였다.

QR코드

세 가지 버전의 음원을 선택 재생
할 수 있어요.
· **전체**: 단어, 우리말, 예문 1회
· **셀프스터디**: 단어 2회, 우리말 1회
· **개별 단어**: 단어 1회

우리말 뜻+실용적인 예문

· 원어민들이 실제로 자주 사용하
  는 예문과 어구를 수록했어요.
· 우리말 뜻, 품사마다 예문을 제시
  하여 문장에서의 다양한 쓰임을
  확인할 수 있어요.
· 유의어/반의어/파생어는 물론, 해
  당 표제어를 포함한 자주 쓰이는
  표현까지 함께 제시했어요.

쉽게 풀어쓴 우리말 뜻

· 한자어가 많은 우리말의 특성상
  뜻을 이해하기 어려운 경우가 많
  아요. 기계적으로 우리말 뜻만
  암기하지 않도록 쉬운 우리말 풀
  이를 수록했어요.

동사의 규칙/불규칙 과거형 변화도
한눈에 확인하세요.

본문에 등장하는 품사와 기호

명 명사 대 대명사 동 동사 형 형용사 부 부사 전 전치사 접 접속사 감 감탄사
➕ 파생어, 추가 표현 | ⊖ 반의어

= 유의어(구) | (-s) 복수형의 의미 | [ ] 대신 쓸 수 있는 표현 | ( ) 의미 보충 설명 센터 (특정 활동을 위한 건물)
큰 ( ) 우리말 일부 머리(카락) | 작은 ( ) 의미의 보충 설명 (소리 내어) 웃다

단어 암기와 이해도를 넓힐 수 있는 다양한 코너 수록

- **Voca Plus**
표제어와 관련하여 함께 알아두면 좋은 단어 또는 표현을 수록했어요.

- **More**
자주 헷갈리거나 궁금해 하는 내용, 중요한 문법 규칙 등을 통해 단어를 더 깊이 있게 이해할 수 있어요.

- **비교 Point**
비슷한 우리말 뜻을 가진 단어들의 쓰임이나 뉘앙스의 차이점들을 쉬운 설명과 예문을 통해 구분할 수 있어요.

엄선된 1,001개 문장으로 자연스러운 누적 학습

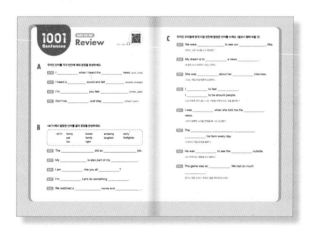

- 시리즈 내 1,001개 문장은 문장 길이와 난이도 순서대로 구성되었으며, 학습한 단어들을 새로운 문맥에서 확인할 수 있습니다.

- 각 예문에 단어를 채워 문장을 완성하세요. 문맥에 가장 자연스러운 문장을 만드는 것이 중요합니다.

- 필요시 단어의 형태를 바꾸면서 문법 응용력을 키울 수 있어요.

- 복습과 반복 학습을 돕는 다양한 부가 서비스 자료를 활용해 보세요. (무료로 다운로드)

7

Contents

학습 계획표

천일문 VOCA로 단어 암기 효과 높이는 방법: 복습은 무조건 한다!

기본 학습: 본책에 등장하는 전 코너를 학습
반복 학습: 우리말 뜻을 외우지 못한 단어 위주, 미니 암기장, 천일문 문장 학습을 통한 반복 학습

*학습 계획표는 쎄듀북 홈페이지에서도 다운로드 가능합니다. 학습자의 계획에 따라 수정하여 사용할 수 있습니다.

1회 복습용

	1일차	2일차	3일차	4일차	5일차	6일차	7일차
기본 학습	DAY 01	DAY 02	DAY 03	DAY 04	DAY 05	DAY 06	DAY 07
반복 학습		DAY 01	DAY 02	DAY 03	DAY 04	DAY 05	DAY 06
	8일차	9일차	10일차	11일차	12일차	13일차	14일차
기본 학습	DAY 08	DAY 09	DAY 10	DAY 11	DAY 12	DAY 13	DAY 14
반복 학습	DAY 07	DAY 08	DAY 09	DAY 10	DAY 11	DAY 12	DAY 13
	15일차	16일차	17일차	18일차	19일차	20일차	21일차
기본 학습	DAY 15	DAY 16	DAY 17	DAY 18	DAY 19	DAY 20	DAY 21
반복 학습	DAY 14	DAY 15	DAY 16	DAY 17	DAY 18	DAY 19	DAY 20
	22일차	23일차	24일차	25일차	26일차	27일차	28일차
기본 학습	DAY 22	DAY 23	DAY 24	DAY 25	DAY 26	DAY 27	DAY 28
반복 학습	DAY 21	DAY 22	DAY 23	DAY 24	DAY 25	DAY 26	DAY 27
	29일차	30일차	31일차	32일차	33일차	34일차	35일차
기본 학습	DAY 29	DAY 30	DAY 31	DAY 32	DAY 33	DAY 34	DAY 35
반복 학습	DAY 28	DAY 29	DAY 30	DAY 31	DAY 32	DAY 33	DAY 34
	36일차	37일차	38일차	39일차	40일차	41일차	42일차
기본 학습	DAY 36	DAY 37	DAY 38	DAY 39	DAY 40		
반복 학습	DAY 35	DAY 36	DAY 37	DAY 38	DAY 39	DAY 40	

	1일차	2일차	3일차	4일차	5일차	6일차	7일차
기본 학습	DAY 01	DAY 02	DAY 03	DAY 04	DAY 05	DAY 06	DAY 07
1회 복습		DAY 01	DAY 02	DAY 03	DAY 04	DAY 05	DAY 06
2회 복습				DAY 01	DAY 02	DAY 03	DAY 04
	8일차	9일차	10일차	11일차	12일차	13일차	14일차
기본 학습	DAY 08	DAY 09	DAY 10	DAY 11	DAY 12	DAY 13	DAY 14
1회 복습	DAY 07	DAY 08	DAY 09	DAY 10	DAY 11	DAY 12	DAY 13
2회 복습	DAY 05	DAY 06	DAY 07	DAY 08	DAY 09	DAY 10	DAY 11
	15일차	16일차	17일차	18일차	19일차	20일차	21일차
기본 학습	DAY 15	DAY 16	DAY 17	DAY 18	DAY 19	DAY 20	DAY 21
1회 복습	DAY 14	DAY 15	DAY 16	DAY 17	DAY 18	DAY 19	DAY 20
2회 복습	DAY 12	DAY 13	DAY 14	DAY 15	DAY 16	DAY 17	DAY 18
	22일차	23일차	24일차	25일차	26일차	27일차	28일차
기본 학습	DAY 22	DAY 23	DAY 24	DAY 25	DAY 26	DAY 27	DAY 28
1회 복습	DAY 21	DAY 22	DAY 23	DAY 24	DAY 25	DAY 26	DAY 27
2회 복습	DAY 19	DAY 20	DAY 21	DAY 22	DAY 23	DAY 24	DAY 25
	29일차	30일차	31일차	32일차	33일차	34일차	35일차
기본 학습	DAY 29	DAY 30	DAY 31	DAY 32	DAY 33	DAY 34	DAY 35
1회 복습	DAY 28	DAY 29	DAY 30	DAY 31	DAY 32	DAY 33	DAY 34
2회 복습	DAY 26	DAY 27	DAY 28	DAY 29	DAY 30	DAY 31	DAY 32
	36일차	37일차	38일차	39일차	40일차	41일차	42일차
기본 학습	DAY 36	DAY 37	DAY 38	DAY 39	DAY 40		
1회 복습	DAY 35	DAY 36	DAY 37	DAY 38	DAY 39	DAY 40	
2회 복습	DAY 33	DAY 34	DAY 35	DAY 36	DAY 37	DAY 38	DAY 39
	43일차						
2회 복습	DAY 40						

*REPETITION IS THE KEY
TO REAL LEARNING.*

반복은 진정한 학습의 열쇠이다.

✖

Jack Canfield 잭 캔필드

DAY

01

사람 묘사 I

- [ ] head
- [ ] hair
- [ ] face
- [ ] lip
- [ ] tooth
- [ ] skin
- [ ] voice
- [ ] tall
- [ ] cute
- [ ] pretty
- [ ] beautiful
- [ ] handsome
- [ ] body
- [ ] neck
- [ ] hand
- [ ] finger
- [ ] toe
- [ ] nail
- [ ] child
- [ ] person

사람 묘사 I

---

001 **head**
[hed]

명 머리, 고개

· Turn your **head** to the left.
왼쪽으로 **고개**를 돌리세요.

---

002 **hair**
[hɛər]

명 1. 머리(카락)   2. 털

· I have black **hair**.
나는 검은색 **머리**를 가지고 있다.

· There is a **hair** on the food.
음식 위에 **머리카락**이 있다.

· Dad has a lot of **hair** on his arms.
아빠는 팔에 **털**이 많다.

---

003 **face**
[feis]

명 얼굴

· I wash my **face** every morning.
나는 매일 아침 **얼굴**을 씻는다[세수한다].

---

004 **lip**
[lip]

명 입술

· Don't bite your **lips**.
네 **입술**을 깨물지 마.

---

005 **tooth**
[tu:θ]
복수형 teeth

명 이, 치아

· a baby's first **tooth**
아기의 첫 **이**

· Brush your **teeth**.
네 **이**를 닦아라[양치해라].

Voca Plus 얼굴 부위를 나타내는 단어

· **eye** 눈   · **ear** 귀   · **mouth** 입   · **nose** 코

006 **skin**
[skin]

명 피부

- **skin** color
  피부색
- I have dark **skin**.
  나는 어두운 **피부**를 가지고 있다.

007 **voice**
[vɔis]

명 목소리

- She sings in a soft **voice**.
  그녀는 부드러운 **목소리**로 노래한다.

008 **tall**
[tɔːl]

형 1. 키가 큰, 높은   2. 키가 ~인

- The man is very **tall**.
  그 남자는 매우 **키가 크**다.
- She is 150 cm **tall**.
  그녀는 **키가** 150cm**이다**.

🔄 short 형 키가 작은

009 **cute**
[kjuːt]

형 귀여운

- The baby is so **cute**.
  그 아기는 너무 **귀엽**다.
- His puppy is really **cute**.
  그의 강아지는 정말 **귀엽**다.

010 **pretty**
[príti]

형 예쁜

- She wore a **pretty** dress.
  그녀는 **예쁜** 드레스를 입었다.

🔄 ugly 형 못생긴

011 **beautiful**
[bjúːtəfəl]

[형] 아름다운

· You have **beautiful** eyes.
당신은 **아름다운** 눈을 가졌군요.

---

012 **handsome**
[hǽnsəm]

[형] 잘생긴, 멋진

· The singer is **handsome**.
그 가수는 **잘생겼다**.

---

013 **body**
[bάdi]

[명] 몸, 신체

· He has a strong **body**.
그는 강한 **신체**를 가지고 있다.

· the human **body**
사람 **몸**[인체]

---

014 **neck**
[nek]

[명] 목

· Wear a scarf around your **neck**.
목에 스카프를 둘러라.

➕ necklace [명] 목걸이

---

015 **hand**
[hænd]

[명] 손

· My grandmother's **hands** are warm.
할머니의 **손**은 따뜻하다.

Voca Plus 신체 부위를 나타내는 단어

· **arm** 팔　　　　· **leg** 다리　　　　· **foot** 발 (복수형 feet)

016 **finger**
[fíŋɡər]

명 손가락

· I cut my **finger**.
나는 **손가락**을 베었다.

---

017 **toe**
[tou]

명 발가락

· a big **toe**
엄지**발가락**

---

018 **nail**
[neil]

명 손톱, 발톱

· My **nails** are too long.
내 **손톱**이 너무 길다.

---

019 **child**
[tʃaild]
복수형 children

명 1. 아이, 어린이 2. 자식

· a four-year-old **child**
네 살 **아이**

· She has two **children**.
그녀는 두 명의 **자식**이 있다.

More 복수를 나타내기 위해 뒤에 -s/-es를 사용하지 않아요.

· child → childs (x)   children → childrens (x)

child와 children이 주어일 경우, 주어에 맞춰 단수형 또는 복수형 동사를 사용해야 해요.

· The **child** is in the park. 그 **아이**는 공원에 있다.
         단수형 동사

· The **children** are in the park. 그 **아이들**은 공원에 있다.
         복수형 동사

---

020 **person**
[pə́ːrsən]
복수형 people

명 사람, 개인

· She is a funny **person**.
그녀는 재미있는 **사람**이다.

· There are many **people** here.
여기에 많은 **사람들**이 있다.

VOCA Exercise

정답 p.288

A 빈칸에 알맞은 말을 넣어 어구를 완성하세요.

1 어린 아이들   young _____

2 잘생긴 왕자   a _____ prince

3 긴 갈색 머리   long brown _____

4 아름다운 목소리   a _____ voice

5 높은 건물들   _____ buildings

B <보기>에서 알맞은 단어를 골라 문장을 완성하세요.

<보기> finger	cute	person

1 He has a _____ smile.

2 Do you know this _____ ?

3 Look at the ring on her _____ .

C 주어진 우리말에 맞게 빈칸에 알맞은 단어를 채워 문장을 완성하세요.

1 내 손을 잡아.

    → Hold my _____ .

2 나는 건조한 피부를 가졌다.

    → I have dry _____ .

3 그녀는 둥근 얼굴을 가지고 있다.

    → She has a round _____ .

4 그 방은 세 사람을 위한 것이다.

    → The room is for three _____ .

DAY

02

사람 묘사 II

- [ ] name
- [ ] old
- [ ] young
- [ ] age
- [ ] kind
- [ ] brave
- [ ] smart
- [ ] shy
- [ ] quiet
- [ ] lazy
- [ ] strong
- [ ] busy
- [ ] ready
- [ ] hungry
- [ ] thirsty
- [ ] rich
- [ ] popular
- [ ] famous
- [ ] be[come] from
- [ ] be born

사람 묘사 Ⅱ

---

021 **name**
[neim]

명 이름

- What is your **name**?
  네 **이름**은 무엇이니?

---

022 **old**
[ould]

형 1. 늙은   2. 나이가 ~인   3. 낡은, 오래된

- an **old** man
  늙은 남자[노인]
- I am 14 years **old**.
  나는 **나이가** 14세이다.
- Mom put **old** books in the box.
  엄마는 **낡은** 책들을 상자에 넣으셨다.

---

023 **young**
[jʌŋ]

형 어린, 젊은

- Dad looks **young** for his age.
  아빠는 나이에 비해 **어려** 보이신다.

---

024 **age**
[eidʒ]

명 나이

- He is the same **age** as my sister.
  그는 내 여동생이랑 **나이**가 같다.

---

025 **kind**
[kaind]

형 친절한, 상냥한   명 종류, 유형

- She has a **kind** heart.
  그녀는 **상냥한** 마음씨를 가졌다.

---

026 **brave**
[breiv]

형 용감한

- a **brave** police officer
  용감한 경찰관

- You are so **brave**. I'm proud of you.
  너 정말 **용감하**구나. 난 네가 자랑스러워.

027 **smart**
[smɑːrt]

형 똑똑한

- She is a **smart** student.
  그녀는 **똑똑한** 학생이다.

028 **shy**
[ʃai]

형 수줍은, 부끄럼을 많이 타는

- He is **shy**, but he is really nice.
  그는 **부끄럼을 많이 타**지만, 정말 착하다.

029 **quiet**
[kwáiət]

형 조용한

- Please be **quiet**.
  조용히 해주세요.

- Speak in a **quiet** voice.
  조용한 목소리로 말해라.

Shhh

030 **lazy**
[léizi]

형 게으른

- Don't be **lazy**.
  게으름 피우지 마.

031 strong
[strɔ(ː)ŋ]

[형] 힘이 센, 강한

· The man is tall and **strong**.
그 남자는 키가 크고 **힘이 세다**.

· a **strong** point
강점[장점]

⊕ weak [형] 약한

032 busy
[bízi]

[형] 바쁜

· She is **busy** with her homework.
그녀는 숙제하느라 **바쁘다**.

⊕ busy with ~로 바쁜

033 ready
[rédi]

[형] 준비가 된

· I'm **ready** for school.
나는 학교 갈 **준비가 되었다**.

· Everyone, dinner's **ready**.
여러분, 저녁 식사가 **준비되었습니다**.

⊕ ready for ~에 준비가 된

034 hungry
[hʌ́ŋgri]

[형] 배고픈

· I am really **hungry** now.
나는 지금 너무 **배고파**.

⊕ full [형] 배부른

035 thirsty
[θə́ːrsti]

[형] 목마른

· I'm **thirsty**. Can I have some water?
나는 **목이 말라**. 나 물 좀 마셔도 될까?

036 **rich**
[ritʃ]

형 부유한*, 돈 많은, 부자인   쉬운뜻 *재산을 풍부하게 가지고 있는

- The **rich** man has many cars.
그 **부유한** 남자는 차가 많다.

⊕ **poor** 형 가난한

---

037 **popular**
[pάpjələr]

형 인기 있는, 대중적인*   쉬운뜻 *수많은 사람을 중심으로 한

- She is a **popular** singer.
그녀는 **인기 있는** 가수이다.

---

038 **famous**
[féiməs]

형 유명한

- He is a **famous** actor.
그는 **유명한** 배우이다.

- What is this restaurant **famous** for?
이 식당은 무엇으로 **유명한가요?**

---

039 **be[come] from**

was[were] – been
came – come

~ 출신이다

- He **is from** China.
그는 중국 **출신이다.**
- I **come from** Canada.
나는 캐나다 **출신이다.**

---

040 **be born**

was[were] – been

태어나다

- I **was born** in Seoul.
나는 서울에서 **태어났다.**

More 현재 시점에서 '태어나다'라는 의미는 과거에 일어난 일이므로 항상 과거형을 사용해요.

- I am born in Japan. (×) → I **was born** in Japan. (O) 나는 일본에서 **태어났다.**

VOCA Exercise

A 빈칸에 알맞은 말을 넣어 어구를 완성하세요.

1 부유한 가족   a _____ family

2 강한 바람   a _____ wind

3 어린 나이   a young _____

4 목마름을 느끼다   feel _____

5 그의 이름을 묻다   ask his _____

B <보기>에서 알맞은 단어를 골라 문장을 완성하세요.

<보기> old	busy	quiet

1 She is shy and _____ .

2 Dad is _____ at work.

3 My brother is 11 years _____ .

C 주어진 우리말에 맞게 빈칸에 알맞은 단어를 채워 문장을 완성하세요.

1 그 안내원은 매우 친절했다.

→ The guide was very _____ .

2 그들은 영국 출신이다.

→ They _____ _____ England.

3 그녀는 프랑스에서 태어났다.

→ She _____ _____ in France.

4 그는 점심 식사 후에도 여전히 배가 고팠다.

→ He was still _____ after lunch.

24 천일문 VOCA 중등 스타트

A 주어진 단어를 각각 빈칸에 채워 문장을 완성하세요.

001 She is _____ for her _____. (age, smart)

002 He's so _____. What's his _____? (name, cute)

003 The city is _____ for its _____ history. (famous, old)

004 Her _____ _____ _____ in May. (was born, child)

B <보기>에서 알맞은 단어를 골라 문장을 완성하세요.

<보기>	people	ready	neck	person
	teeth	kind	necklace	busy

005 She is a _____ _____ with a warm heart.

006 Brush your _____ and get _____ for bed.

007 He has a _____ around his _____.

008 Many _____ are _____ with school and work.

C 주어진 우리말에 맞게 다음 빈칸에 알맞은 단어를 쓰세요. (필요시 형태 바꿀 것)

009 She is _____ and _____.

그녀는 똑똑하고 인기가 많다.

010 Your _____ is soft and _____.

네 머리는 부드럽고 아름다워.

011 I want to be _____ and _____.

나는 힘이 세고 용감해지고 싶다.

012 I was _____ and _____ after a long walk.

나는 오랜 산책 후에 목이 마르고 배가 고팠다.

013 You look great from _____ to _____.

너는 머리부터 발가락까지[발끝까지] 좋아 보여.

014 The _____ man has big _____.

그 키 큰 남자는 큰 발을 가지고 있다.

015 The TV show is for _____ of all _____.

그 TV 쇼는 모든 나이[연령]의 아이들을 위한 것이다.

016 The baby held my _____ with his _____.

그 아기는 손으로 나의 손가락을 잡았다.

017 The writer became _____ and _____ with his new book.

그 작가는 새 책으로 부유해지고 유명해졌다.

DAY 03

기분, 감정 Ⅰ

- ☐ happy
- ☐ sad
- ☐ glad
- ☐ great
- ☐ all right/alright
- ☐ angry
- ☐ sorry
- ☐ upset
- ☐ afraid
- ☐ scared
- ☐ tired
- ☐ bored
- ☐ excited
- ☐ surprised
- ☐ lonely
- ☐ calm
- ☐ nervous
- ☐ feel better
- ☐ be proud of
- ☐ long face

기분, 감정 I

---

041 **happy**
[hǽpi]

형 행복한

· I'm very **happy** for you.
나는 네가 잘되어 아주 **행복해.**

· The story has a **happy** ending.
그 이야기는 **행복한** 결말이 있다.

➕ happily 부 행복하게
➕ happiness 명 행복

---

042 **sad**
[sæd]

형 슬픈, 슬퍼하는

· a **sad** movie
슬픈 영화

· I was **sad** about moving.
나는 이사 가는 것에 **슬펐다.**

---

043 **glad**
[glæd]

형 기쁜, 반가운

· I'm **glad** to meet you.
저는 당신을 만나게 되어 **기뻐요.**

---

044 **great**
[greit]

형 정말 좋은, 대단한

· I feel **great** today.
나는 오늘 기분이 **정말 좋다.**

· Have a **great** day!
좋은 하루 보내세요!

---

045 **all right /**
alright
[ɔːlráit]

형 괜찮은 (= okay)

· I will be **all right**.
나는 **괜찮을** 거야.

· Are you **alright**?
너 **괜찮니**?

---

046 **angry**
[ǽŋgri]

형 화가 난, 화난

- I feel **angry** with her.
  나는 그녀에게 **화가 났다**.

➕ **angry with** ~에게 화난

---

047 **sorry**
[sɔ́(ː)ri]

형 1. 미안한   2. 유감스러운*

쉬운뜻 *주어진 상황에 대해
슬프거나 섭섭한

- I'm **sorry** for the mess. I'll clean it.
  어질러 놓아서 **미안해**. 내가 치울게.

- I am **sorry** to hear that.
  그 말을 듣게 되어 **유감입니다**.

---

048 **upset**
[ʌpsét]

형 속상한, 마음 상한

- Don't get too **upset** about the test.
  그 시험에 대해 너무 **속상해** 하지 마.

---

049 **afraid**
[əfréid]

형 두려워하는, 걱정하는

- Don't be **afraid**. Just try it.
  두려워하지 마. 그냥 시도해 봐.

- I'm **afraid** of snakes.
  나는 뱀을 **두려워한다**.

➕ **afraid of** ~을 두려워하는

---

050 **scared**
[skɛərd]

형 무서워하는, 겁먹은

- a **scared** child
  겁먹은 아이

- I am **scared** of bugs.
  나는 벌레를 **무서워한다**.

➕ **scared of** ~을 무서워하는

051 **tired**
[taiərd]

형 피곤한, 지친

· I felt **tired** and went to bed early.
나는 **피곤해서** 일찍 잤다.

---

052 **bored**
[bɔ́:rd]

형 지루한, 지루해하는

· I'm **bored**. Let's go out.
나는 **지루해**. 밖에 나가자.

---

053 **excited**
[iksáitid]

형 신이 난, 흥분한

· I was **excited** about the concert.
나는 콘서트에 **신이 났었다**.

➕ **excited about** ~에 대해 신이 난, 흥분한

---

054 **surprised**
[sərpráizd]

형 놀란, 놀라는

· We were **surprised** at the news.
우리는 그 소식에 **놀랐다**.

· Don't be **surprised**.
놀라지 마세요.

➕ **surprised at** ~에 놀란, 놀라는

---

055 **lonely**
[lóunli]

형 외로운, 쓸쓸한

· a **lonely** old man
외로운 노인

· I was alone and **lonely**.
나는 혼자였고 **외로웠다**.

056 **calm**
[kɑːm]

형 차분한, 침착한

- His voice was very **calm**.
  그의 목소리는 매우 **차분했다**.
- Please stay **calm**.
  침착해 주세요.

057 **nervous**
[nə́ːrvəs]

형 긴장한, 초조한

- I was **nervous** before the test.
  나는 시험 전에 **긴장했다**.

교과서 빈출 표현

058 **feel better**

felt – felt

몸[기분]이 좋아지다

- She **felt better** the next day.
  그녀는 다음 날 **몸이 좋아졌다**.
- I **feel better** after a good sleep.
  나는 숙면을 취하고 나면 **기분이 나아진다**.

059 **be proud of**

was[were] – been

~을 자랑스러워하다

- My father **is proud of** me.
  나의 아빠는 나를 **자랑스러워하신다**.

060 **long face**

우울한 얼굴

- Why the **long face**?
  왜 **우울한 얼굴**이야[왜 우울하니]?
- He made a **long face**.
  그는 **우울한 얼굴**을 했다.
- ➕ make a long face 우울한 얼굴을 하다

VOCA Exercise

A 빈칸에 알맞은 말을 넣어 어구를 완성하세요.

1 행복한 커플   a _____ couple

2 침착한 목소리   a _____ voice

3 외로움을 느끼다   feel _____

4 어둠을 두려워하다   be _____ of the dark

5 소풍하기 좋은 날   a _____ day for a picnic

B <보기>에서 알맞은 단어를 골라 문장을 완성하세요.

<보기>	feel	upset	glad

1 I'm _____ to help you.

2 Do you _____ better now?

3 He looked very _____ about it.

C 주어진 우리말에 맞게 빈칸에 알맞은 단어를 채워 문장을 완성하세요.

1 너 오늘 슬퍼 보여. 무슨 일 있어?

→ You look _____ today. What's wrong?

2 나는 나의 형이 자랑스럽다.

→ I'm _____ of my brother.

3 그는 스키 캠프에 신이 났다.

→ He was _____ about ski camp.

4 나는 인터뷰 때문에 긴장했다.

→ I was _____ about the interview.

DAY

04

기분, 감정 II

- ☐ like
- ☐ hate
- ☐ cry
- ☐ worry
- ☐ smile
- ☐ laugh
- ☐ joy
- ☐ fun
- ☐ funny
- ☐ scary
- ☐ terrible
- ☐ strange
- ☐ fantastic
- ☐ wonderful
- ☐ amazing
- ☐ interesting
- ☐ boring
- ☐ exciting
- ☐ surprising
- ☐ fall in love (with)

DAY 04 기분, 감정 Ⅱ

061 like
[laik]
liked – liked

동 좋아하다 전 1. ~처럼 2. ~와 같은

- I **like** drawing.
  나는 그림 그리는 것을 **좋아한다**.

- Her hair is dark brown **like** mine.
  그녀의 머리는 내 것**처럼** 진한 갈색이다.

- I don't eat desserts **like** cookies.
  나는 쿠키**와 같은** 디저트를 먹지 않는다.

---

062 hate
[heit]
hated – hated

동 몹시 싫어하다, 미워하다

- I **hate** carrots.
  나는 당근을 **싫어한다**.

---

063 cry
[krai]
cried – cried

동 1. 울다 2. 외치다

- The baby started to **cry**.
  그 아기는 **울기** 시작했다.

- The boy **cried** for help.
  그 남자아이는 도와달라고 **외쳤다**.

---

064 worry
[wə́:ri]
worried – worried

동 걱정하다, 걱정하게 만들다

- Don't **worry**. You will be fine.
  걱정하지 마세요. 괜찮을 거예요.

- I don't want to **worry** my mom.
  나는 엄마를 **걱정하게 만들고** 싶지 않다.

---

065 smile
[smail]
smiled – smiled

동 미소 짓다, 웃다 명 미소

- He **smiled** at me.
  그는 나에게 미소 **지었다**.

- She gave me a big **smile**.
  그녀는 나에게 크게 **미소**를 지었다.

➕ smile at = give ~ a smile ~에게 미소를 짓다

---

066 **laugh**
[læf]
laughed – laughed

동 (소리 내어) 웃다

· **laugh** out loud
큰 소리를 내어 **웃다**

· We **laughed at** his joke.
우리는 그의 농담에 **웃었다.**

➕ **laugh at** 1. ~에 웃다 2. ~을 비웃다

---

067 **joy**
[dʒɔi]

명 기쁨, 환희*

쉬운뜻 *매우 기뻐함, 큰 기쁨

· bring **joy**
기쁨을 가져오다

· The children jumped **for joy**.
그 아이들은 **기뻐서** 뛰었다.

➕ **for joy** 기뻐서

---

068 **fun**
[fʌn]

명 재미   형 재미있는

· We had so much **fun**.
우리는 정말 **재미**있게 보냈다.

· The party was **fun**.
그 파티는 **재미있었다.**

---

069 **funny**
[fʌ́ni]

형 웃기는, 우스운

· a **funny** TV show
웃기는 TV 프로그램

· You are so **funny**!
너 정말 **웃겨**! (너 진짜 재밌다!)

---

070 **scary**
[skέ(:)əri]

형 무서운

· a **scary** movie
무서운 영화

· The doll looks **scary**.
그 인형은 **무섭게** 보인다.

More scary vs. scared

scary는 겁을 준다는 의미이며, scared는 그로 인해 무섭거나 겁먹는 감정을 나타내요.

· **Scary** stories make me **scared**. 무서운 이야기는 나를 겁먹게 한다.

071 **terrible**
[térəbl]

형 끔찍한, 무서운

· I had a **terrible** day today.
나는 오늘 **끔찍한** 하루를 보냈다.

· Something **terrible** happened.
어떤 **끔찍한** 일이 일어났다.

---

072 **strange**
[streindʒ]

형 1. 이상한   2. 낯선

· The smell was **strange**.
그 냄새는 **이상했다**.

· The place feels **strange**.
그 장소는 **낯설게** 느껴진다.

➕ stranger 명 낯선 사람

---

073 **fantastic**
[fæntǽstik]

형 환상적인

· The trip was **fantastic**.
그 여행은 **환상적이었다**.

---

074 **wonderful**
[wʌ́ndərfəl]

형 아주 멋진, 훌륭한

· I had a **wonderful** weekend.
나는 아주 멋진 주말을 보냈다.

· He is a **wonderful** father.
그는 **훌륭한** 아버지이다.

---

075 **amazing**
[əméiziŋ]

형 놀라운, 굉장한

· an **amazing** story
놀라운 이야기

· The singer has an **amazing** voice.
그 가수는 **굉장한** 목소리를 가지고 있다.

---

076 **interesting**
[íntərəstiŋ]

형 흥미로운, 재미있는

· The book is **interesting**.
그 책은 **흥미롭다**.

➕ interest 명 흥미, 관심

077 boring
[bɔ́ːriŋ]

형 지루한, 재미없는

· The movie was **boring**.
그 영화는 **지루했다.**

➕ bored 형 지루한, 지루해하는

---

078 exciting
[iksáitiŋ]

형 신나는, 흥분시키는

· Soccer is an **exciting** sport.
축구는 **신나는** 스포츠이다.

➕ excited 형 신이 난, 흥분한

---

079 surprising
[sərpráiziŋ]

형 놀라운

· **surprising** news
놀라운 소식

➕ surprised 형 놀란, 놀라는

More 감정을 나타내는 -ing vs. -ed

bor**ing**, excit**ing**, surpris**ing**과 같이 -ing로 끝나는 단어들은 감정을 느끼게 만드는 것을 나타내며,
bor**ed**, excit**ed**, surpris**ed**와 같이 -ed로 끝나는 단어들은 감정을 직접 느끼게 되는 것을 의미해요.

· a **boring** story 지루한 이야기   · I was **bored** by the story. 나는 그 이야기 때문에 **지루했다.**
· an **exciting** game 신나는 경기   · I was **excited** by the game. 나는 그 경기 때문에 **신이 났다.**
· a **surprising** change 놀라운 변화   · I was **surprised** by the change. 나는 그 변화 때문에 **놀랐다.**

교과서 빈출 표현

080 fall in love (with)

fell – fallen

(~와) 사랑에 빠지다

· They **fell in love**.
그들은 **사랑에 빠졌다.**

· She **fell in love with** him.
그녀는 그와 **사랑에 빠졌다.**

VOCA Exercise

정답 p.288

A 빈칸에 알맞은 말을 넣어 어구를 완성하세요.

1 지루한 일   a _____ job

2 흥미로운 수업   an _____ class

3 굉장한 경치   an _____ view

4 무서운 괴물   a _____ monster

5 멋진 시간을 보내다   have a _____ time

B <보기>에서 알맞은 단어를 골라 문장을 완성하세요.

<보기>	worry	like	exciting

1 I _____ singing.

2 The TV show was _____ .

3 Don't _____ about him. He will be fine.

C 주어진 우리말에 맞게 빈칸에 알맞은 단어를 채워 문장을 완성하세요.

1 나는 빗속을 걷는 것을 싫어한다.

    → I _____ walking in the rain.

2 어젯밤 그 콘서트는 환상적이었다.

    → The concert was _____ last night.

3 낯선 사람을 따라가지 마라.

    → Don't follow a _____ person.

4 그 영화의 결말은 놀라웠다.

    → The ending of the movie was _____ .

DAY

05

관계, 직업

- [ ] friend
- [ ] family
- [ ] son
- [ ] daughter
- [ ] parent
- [ ] husband
- [ ] wife
- [ ] aunt
- [ ] cousin
- [ ] pet
- [ ] job
- [ ] become
- [ ] farmer
- [ ] writer
- [ ] reporter
- [ ] firefighter
- [ ] police
- [ ] scientist
- [ ] pilot
- [ ] take care of

---

081 **friend**
[frend]

명 친구

• my best **friend**
내 가장 친한 **친구**

• This is my **friend**, Emma.
이 사람은 내 **친구**, 엠마야.

---

082 **family**
[fǽməli]

명 가족

• a happy **family**
행복한 **가족**

• There are four people in my **family**.
내 **가족**은 네 명이다.

---

083 **son**
[sʌn]

명 아들

• We have a **son** and a daughter.
우리는 **아들** 하나와 딸 하나가 있다.

---

084 **daughter**
[dɔ́ːtər]

명 딸

• She is my only **daughter**.
그녀는 제 외동**딸**입니다.

---

085 **parent**
[pɛ́(ː)ərənt]

명 부모

• loving **parents**
다정한 **부모님**

• I am proud of my **parents**.
나는 **부모님**이 자랑스럽다.

More 단수형은 아버지나 어머니 둘 중 한 사람을 가리켜요.

086 **husband**
[hʌ́zbənd]

몡 남편

- My **husband** and I married last year.
  내 **남편**과 나는 작년에 결혼했다.

087 **wife**
[waif]

몡 아내

- husband and **wife**
  남편과 **아내**[부부]

088 **aunt**
[ænt]

몡 이모, 고모, (외)숙모

- My **aunt** tells stories about my mom.
  이모는 엄마에 대해 이야기를 해주신다.

➕ uncle 몡 삼촌

089 **cousin**
[kʌ́zən]

몡 사촌*

퀴운뜻 *aunt 또는 uncle의 자녀

- Jake and I are **cousins**.
  제이크와 나는 **사촌**이다.

090 **pet**
[pet]

몡 반려동물

- Do you have any **pets**?
  너는 **반려동물**을 키우니?
- I feed my **pet** dog every day.
  나는 매일 **반려견**에게 먹이를 준다.

Voca Plus 가족 구성원을 나타내는 단어

- **father** 아버지, 아빠 (= dad)
- **grandfather** (외)할아버지 (= grandpa)
- **brother** 오빠, 형, 남동생, 형제
- **mother** 어머니, 엄마 (= mom)
- **grandmother** (외)할머니 (= grandma)
- **sister** 언니, 누나, 여동생, 자매

091 job
[dʒɑb]

몡 일, 직장, 일자리

- get a new **job**
  새 **직장**을 얻다

- She has a **job** as a teacher.
  그녀는 교사라는 **직업**을 가졌다.

092 become
[bikʌ́m]
became – become

동 ~이 되다, ~해지다

- I want to **become** a soccer player.
  나는 축구 선수가 **되고** 싶다.

- I **became** tired after school.
  나는 방과 후에 피곤**해졌다**.

093 farmer
[fɑ́ːrmər]

몡 농부

- The **farmer** grows apple trees.
  그 **농부**는 사과나무를 기른다.

094 writer
[ráitər]

몡 작가

- She is a popular **writer**.
  그녀는 인기 있는 **작가**이다.

095 reporter
[ripɔ́ːrtər]

몡 기자, 리포터

- a news **reporter**
  뉴스 **리포터**

- I'm a school newspaper **reporter**.
  나는 학교 신문 **기자**야.

096 firefighter
[fáiərfáitər]

명 소방관

- brave **firefighters**
  용감한 **소방관들**
- **Firefighters** work as a team.
  소방관들은 팀으로 일한다.

097 police
[pəlíːs]

명 경찰

- He called the **police**.
  그는 **경찰**을 불렀다.

➕ police officer 경찰관

More police는 people(사람들)처럼 '경찰들'을 나타내므로 복수 취급하는 명사예요.
'경찰 한 사람'을 나타낼 때는 police officer를 사용해야 해요.

- The **police** are looking for a man. **경찰**은 한 남자를 찾고 있다.
  복수형 동사
- The **police officer** is looking for a man. 그 **경찰관**은 한 남자를 찾고 있다.
  단수형 동사

098 scientist
[sáiəntist]

명 과학자

- I want to be a **scientist** and make robots.
  나는 **과학자**가 되어 로봇을 만들고 싶다.

099 pilot
[páilət]

명 조종사, 비행사

- There are two **pilots** on a plane.
  비행기에는 두 명의 **조종사**가 있다.

교과서 빈출 표현

100 take care of

took – taken

~을 돌보다

- She **takes care of** her brother.
  그녀는 남동생을 **돌본다**.

VOCA Exercise

정답 p.288

A 빈칸에 알맞은 말을 넣어 어구를 완성하세요.

1 대가족   a big _____

2 똑똑한 과학자   a smart _____

3 스포츠 기자   a sports _____

4 현명한 아내   a wise _____

5 직업을 바꾸다   change one's _____

B <보기>에서 알맞은 단어를 골라 문장을 완성하세요.

> <보기>   pet   parents   become

1 I want to _____ a pilot.

2 He doesn't live with his _____.

3 My family has two _____ dogs.

C 주어진 우리말에 맞게 빈칸에 알맞은 단어를 채워 문장을 완성하세요.

1 내 이모는 작은 도시에 산다.

  → My _____ lives in a small city.

2 그녀는 아동 도서 작가이다.

  → She is a _____ of children's books.

3 그 경찰관은 매우 친절하시다.

  → The _____ _____ is very kind.

4 그들은 자주 내 개를 돌봐준다.

  → They often _____ _____

  _____ my dog.

A 주어진 단어를 각각 빈칸에 채워 문장을 완성하세요.

018 I _____ when I heard the _____ news. (sad, cried)

019 I heard a _____ sound and felt _____. (scared, strange)

020 I'm _____ you feel _____. (better, glad)

021 Don't be _____. Just stay _____. (afraid, calm)

B <보기>에서 알맞은 단어를 골라 문장을 완성하세요.

<보기>	funny	bored	amazing	sorry
	pet	family	laughed	firefighter
	fun	right		

022 The _____ did an _____ job.

023 My _____ is also part of my _____.

024 I am _____. Are you all _____?

025 I'm _____. Let's do something _____.

026 We watched a _____ movie and _____.

C 주어진 우리말에 맞게 다음 빈칸에 알맞은 단어를 쓰세요. (필요시 형태 바꿀 것)

027 We were _____ to see our _____, Mia.

우리는 사촌 미아를 봐서 행복했다.

028 My dream is to _____ a news _____.

내 꿈은 뉴스 리포터가 되는 것이다.

029 She was _____ about her _____ interview.

그녀는 취업 면접 때문에 긴장했다.

030 I _____ to feel _____.

I _____ to be around people.

나는 외로운 것이 싫다. 나는 사람들 주변에 있는 것을 좋아한다.

031 I was _____ when she told me the _____

news.

그녀가 끔찍한 소식을 전했을 때 나는 속상했다.

032 The _____ _____ _____

_____ his farm every day.

그 농부는 매일 농장을 돌본다.

033 He was _____ to see the _____ outside.

그는 밖에 있는 경찰을 보고 놀랐다.

034 The game was so _____. We had so much

_____.

경기는 정말 신났다. 우리는 정말 재미있게 보냈다.

DAY

06

행동, 동작 I

- [ ] see
- [ ] watch
- [ ] look
- [ ] sound
- [ ] speak
- [ ] hear
- [ ] feel
- [ ] smell
- [ ] taste
- [ ] touch
- [ ] move
- [ ] sit
- [ ] stand
- [ ] walk
- [ ] use
- [ ] give
- [ ] find
- [ ] rest
- [ ] get up
- [ ] go to bed

행동, 동작 I

---

101 **see**
[siː]
saw – seen

동 1. 보다 2. 알다, 이해하다

· I **saw** her last night.
나는 어젯밤에 그녀를 **봤다**.

· A: The bus will be here soon.
  B: Oh, I **see**.
A: 버스는 곧 여기로 올 거야.
B: 아, **알겠어**.

---

102 **watch**
[wɑtʃ]
watched – watched

동 보다, 지켜보다 명 손목시계

· He **is watching** TV.
그는 TV를 **보고 있어**.

· I got a new **watch**.
나는 새 **손목시계**를 받았다.

---

103 **look**
[luk]
looked – looked

동 1. 보다 2. ~하게 보이다

· She **looked** at the tree.
그녀는 나무를 **봤다**.

· He **looked** in the mirror.
그는 거울 안을 **봤다[들여다봤다]**.

· The girl **looks** pretty.
그 여자아이는 예뻐 **보인다**.

➕ look at ~을 보다

🔎 **비교 Point** see vs. watch vs. look

see는 눈을 통해 보거나 보인다고 말할 때 사용해요.
· I **saw** Mike yesterday. 나는 어제 마이크를 **보았다**.
watch는 주의 깊게 한참을 보는 것을 의미하며, 특히 TV나 영화, 경기 등을 볼 때 사용해요.
· I **watched** a movie yesterday. 나는 어제 영화를 **보았다**.
look은 대상으로 눈길을 돌려서 보는 것을 의미하며, 뒤에 목적어가 바로 올 수 없고 전치사, 부사 등이 필요해요.
· **Look at** the puppy. It's so cute. 저 강아지 좀 **봐**. 너무 귀여워.

104 sound
[saund]
sounded – sounded

동 ~하게 들리다, ~인 것 같다   명 소리

- His voice **sounds** soft.
  그의 목소리는 부드럽게 **들린다.**
- I love the **sound** of rain.
  나는 **빗소리**를 정말 좋아한다.

105 speak
[spiːk]
spoke – spoken

동 1. 말하다   2. (특정 언어를) 할 줄 알다

- She **speaks** too fast.
  그녀는 너무 빨리 **말한다.**
- He **speaks** Chinese.
  그는 중국어를 **할 줄 안다.**

106 hear
[hiər]
heard – heard

동 듣다, 들리다

- I **heard** the bad news.
  나는 좋지 않은 소식을 **들었다.**
- I can't **hear** you. Can you speak up?
  네 말이 잘 안 **들려.** 더 크게 말해줄래?

107 feel
[fiːl]
felt – felt

동 ~하게 느끼다, ~한 느낌이 들다

- I **feel** hungry.
  나는 배가 고프다고 **느낀다**[배가 고프다].
- Her hands **feel** soft.
  그녀의 손은 부드러운 **느낌이 든다.**

108 smell
[smel]
smelled – smelled

동 1. ~한 냄새가 나다   2. 냄새를 맡다
명 냄새, 향

- The pizza **smells** good.
  그 피자는 맛있는 **냄새가 난다.**
- I **smelled** the flowers.
  나는 꽃**향기를 맡았다.**
- Garlic has a strong **smell**.
  마늘은 강한 **냄새를** 갖고 있다.

109 **taste**
[teist]
tasted – tasted

동 1. 맛보다   2. ~한 맛이 나다   명 맛

- She **tasted** the soup first.
  그녀는 먼저 수프를 **맛보았다**.
- The food **tastes** really good.
  그 음식은 정말 좋은 **맛이 난다**[맛이 좋다].
- a sweet **taste**
  단맛

110 **touch**
[tʌtʃ]
touched – touched

동 (손 등으로) 만지다, 건드리다

- Don't **touch** the picture.
  그 그림을 **만지지** 마세요.

111 **move**
[muːv]
moved – moved

동 1. 움직이다   2. 이사하다

- Stay there and don't **move**.
  거기에 꼼짝 말고 **움직이지** 마.
- We **moved** to Busan 3 years ago.
  우리는 3년 전에 부산으로 **이사했다**.

112 **sit**
[sit]
sat – sat

동 앉다

- You may **sit down**.
  너는 **앉아도** 된다.
- ➕ **sit down** (서 있던 자세에서) 앉다

113 **stand**
[stænd]
stood – stood

동 서다, 서 있다

- Can you **stand up**, please?
  일어서 주실래요?
- ➕ **stand up** (앉아 있던 자세에서) 일어서다

114 **walk**
[wɔːk]
walked – walked

동 1. 걷다   2. 산책시키다   명 걷기, 산책

- I **walk** to school.
  나는 학교에 **걸어간다**.
- **walk** a dog
  개를 **산책시키다**
- take a **walk**
  산책을 하다

115 **use**
[juːz]
used – used

동 쓰다, 사용하다   명 사용
- You can **use** my pen.
  제 펜을 **사용**하셔도 됩니다.
- The pool is not in **use**.
  그 수영장은 **사용**되지 않는다.
➕ **be in use** 사용되고 있다

---

116 **give**
[giv]
gave – given

동 주다
- He **gave** the flowers to her.
  그는 그녀에게 꽃을 **주었다**.
- She **gave** me a gift.
  그녀는 나에게 선물을 **주었다**.

---

117 **find**
[faind]
found – found

동 찾다, 발견하다
- I can't **find** my glasses.
  내 안경을 **찾을** 수가 없다.

---

118 **rest**
[rest]
rested – rested

동 쉬다   명 휴식, 안정
- We **rested** on the bench.
  우리는 벤치에서 **쉬었다**.
- take a **rest**
  휴식을 취하다

교과서 빈출 표현

119 **get up**

got – gotten/got

일어나다
- I **got up** late today.
  나는 오늘 늦게 **일어났다**.

---

120 **go to bed**

went – gone

자다, 잠자리에 들다
- It's time to **go to bed**.
  이제 잘 시간이다.

VOCA Exercise

정답 p.289

A 빈칸에 알맞은 말을 넣어 어구를 완성하세요.

1 천천히 움직이다   _____ slowly

2 소리를 내다   make a _____

3 식탁에 앉다   _____ at a table

4 휴식이 필요하다   need a _____

5 맛있는 냄새   a delicious _____

B 빈칸에 알맞은 형태를 쓰세요.

1 use   - (과거형) _____   - (과거분사형) _____

2 look   - (과거형) _____   - (과거분사형) _____

3 see   - (과거형) _____   - (과거분사형) _____

4 hear   - (과거형) _____   - (과거분사형) _____

5 speak   - (과거형) _____   - (과거분사형) _____

C 주어진 우리말에 맞게 빈칸에 알맞은 단어를 채워 문장을 완성하세요.

1 나는 내 강아지를 매일 산책시킨다.

→ I _____ my dog every day.

2 축구 경기를 같이 보자.

→ Let's _____ the soccer game together.

3 시간이 늦었네. 우리 지금 자는 게 좋겠다.

→ It's late. We should go to _____ now.

DAY

07

행동, 동작 II

- [ ] slow
- [ ] fast
- [ ] run
- [ ] play
- [ ] read
- [ ] enter
- [ ] leave
- [ ] bring
- [ ] cut
- [ ] put
- [ ] act
- [ ] break
- [ ] carry
- [ ] hold
- [ ] drop
- [ ] pass
- [ ] send
- [ ] turn
- [ ] throw
- [ ] hurry up

행동, 동작 II

---

121 **slow**
[slou]

⟨형⟩ 느린, 천천히 움직이는

· The internet speed is so **slow** here.
여기 인터넷 속도는 매우 **느리다**.

➕ slowly ⟨부⟩ 느리게, 천천히

---

122 **fast**
[fæst]

⟨형⟩ 빠른   ⟨부⟩ 빠르게, 빨리

· He is a **fast** learner.
그는 **빨리** 배우는 사람이야.

· I walked **fast** to catch the bus.
나는 버스를 타기 위해 **빨리** 걸었다.

More fast는 형용사와 부사의 의미를 모두 가지고 있으므로 문장 안에서의 역할을 잘 구분해야 해요.

형용사 fast는 명사를 꾸며주거나 be동사 뒤에 와서 보어 역할을 해요.

· A rabbit is a **fast** animal. 토끼는 재**빠른** 동물이다. (명사 수식)
· A rabbit is **fast**. 토끼는 **빠르다**. (보어 역할)

부사 fast는 일반 동사를 주로 뒤에서 꾸며줘요.

· A rabbit runs **fast**. 토끼는 **빠르게** 달린다. (동사 수식)

---

123 **run**
[rʌn]
ran – run

⟨동⟩ 달리다

· He **ran** to the door.
그는 문으로 **달려갔다**.

---

124 **play**
[plei]
played – played

⟨동⟩ 1. 놀다   2. 경기를 하다   3. (악기를) 연주하다

· The children **played** in the park.
아이들은 공원에서 **놀았다**.

· Let's **play** soccer.
축구 **경기를 하자**.

· She **plays** the violin well.
그녀는 바이올린을 잘 **연주한다**.

125 **read**

[riːd]

read[red] – read[red]

동 읽다, 읽어 주다

- She **reads** a book every day.
  그녀는 매일 책을 **읽는다**.
- He **read** a book to his son.
  그는 아들에게 책 한 권을 **읽어 주었다**.

---

126 **enter**

[éntər]

entered – entered

동 들어가다

- The girl **entered** the room.
  그 여자아이는 방 안으로 **들어갔다**.

---

127 **leave**

[liːv]

left – left

동 떠나다, 출발하다

- It's time to **leave**.
  떠날 시간이야.
- She just **left** for school.
  그녀는 방금 학교로 **출발했다**.

➕ **leave for** ~로 떠나다, 출발하다

---

128 **bring**

[briŋ]

brought – brought

동 가져오다, 데려오다

- Did you **bring** your homework?
  너 숙제 **가져왔니**?
- You can **bring** your friend with you.
  너는 네 친구를 **데려와도** 돼.

---

129 **cut**

[kʌt]

cut – cut

동 자르다, 베다

- He **cut** the cake into small pieces.
  그는 케이크를 작은 조각으로 **잘랐다**.

● **More** '머리를 자르다'라고 표현할 때는 직접 자르는 경우와 아닌 경우 다르게 말해요.

- I **cut** my hair. 나는 머리를 **잘랐다**. <내가 직접 머리를 자를 때>
- I got my hair **cut**. 나는 머리를 **잘랐다**. <미용실에 가거나 다른 누군가가 머리를 자를 때>

130 **put**
[put]
put – put

동 놓다, 두다
· **Put** the box here.
상자를 여기에 **놓아라**.

---

131 **act**
[ækt]
acted – acted

동 행동하다
· Don't **act** like a child.
어린애처럼 **행동하지** 마.

---

132 **break**
[breik]
broke – broken

동 깨다, 부수다, 부서지다
· I **broke** my mom's glasses.
내가 엄마의 안경을 **깼다**.
· She **broke** her arm.
그녀는 팔이 **부러졌다**.

---

133 **carry**
[kǽri]
carried – carried

동 1. 나르다, 운반하다   2. 가지고 다니다
· They **carried** the box together.
그들은 상자를 함께 **날랐다**.
· I always **carry** my phone.
나는 핸드폰을 늘 **가지고 다닌다**.

---

134 **hold**
[hould]
held – held

동 잡다, 들다
· He **held** the door for me.
그는 나를 위해 문을 **잡아주었다**.
· We **held** hands and took a walk.
우리는 손을 **잡고** 산책했다.
➕ **hold hands** 손을 잡다

---

135 **drop**
[drɑp]
dropped – dropped

동 떨어지다, 떨어뜨리다
· Tears **dropped** from her eyes.
그녀의 눈에서 눈물이 **떨어졌다**.
· I **dropped** a glass.
나는 유리잔을 **떨어뜨렸다**.

136 pass
[pæs]
passed – passed

동 지나가다, 통과하다

· He **passed** by her.
  그는 그녀를 지나갔다.

· We **passed** the gate.
  우리는 문을 통과했다.

---

137 send
[send]
sent – sent

동 보내다, 발송하다*

쉬운뜻 *물건, 편지 등을 보내다

· She **sent** a gift to me.
  그녀는 나에게 선물을 보냈다.

· **send** a(n) letter/email
  편지/이메일을 보내다

---

138 turn
[təːrn]
turned – turned

동 돌다, 돌리다   명 차례

· **turn** left/right
  왼쪽/오른쪽으로 돌다

· It's your **turn** now.
  이제 네 차례야.

➕ take turns (차례대로) 돌아가며 하다

---

139 throw
[θrou]
threw – thrown

동 던지다

· Who **threw** the stone?
  누가 돌을 던졌니?

· **Throw** the ball back to me.
  나한테 다시 공을 던져줘.

교과서 빈출 표현

140 hurry up

hurried – hurried

서두르다

· **Hurry up!** We will be late.
  서둘러! 우리 늦겠어.

VOCA Exercise

정답 p.289

A 빈칸에 알맞은 말을 넣어 어구를 완성하세요.

1 컵을 깨다   _____ a cup

2 공을 떨어뜨리다   _____ a ball

3 가방을 들다   _____ a bag

4 집에서 출발하다   _____ home

5 돈을 가지고 다니다   _____ money

B 빈칸에 알맞은 형태를 쓰세요.

1 put   - (과거형) _____   - (과거분사형) _____

2 send   - (과거형) _____   - (과거분사형) _____

3 throw   - (과거형) _____   - (과거분사형) _____

C 밑줄 친 부분을 유의하여 우리말 해석을 완성하세요.

1 He runs <u>fast</u>.

→ 그는 _____ 달린다.

2 Mina is a <u>fast</u> runner.

→ 미나는 _____ 달리기 선수이다.

3 Let's <u>play</u> outside.

→ 바깥에서 _____.

4 He <u>plays</u> the piano every day.

→ 그는 매일 피아노를 _____.

5 We <u>play</u> soccer on the field.

→ 우리는 운동장에서 축구 _____.

Preview Check

DAY

08

사고, 생각

- [ ] want
- [ ] need
- [ ] know
- [ ] think
- [ ] dream
- [ ] hope
- [ ] wish
- [ ] sure
- [ ] idea
- [ ] mind
- [ ] care
- [ ] decide
- [ ] understand
- [ ] believe
- [ ] trust
- [ ] guess
- [ ] forget
- [ ] remember
- [ ] opinion
- [ ] keep a diary

사고, 생각

141 **want**
[wɑnt]
wanted – wanted

동 원하다

· I **want** a new watch.
나는 새 손목시계를 **원한다.**

· I **want** to eat pizza.
나는 피자를 먹고 **싶다.**

---

142 **need**
[niːd]
needed – needed

동 필요하다   명 필요, 필요성

· She **needs** your help.
그녀는 네 도움이 **필요해.**

· the **need** for water/sleep/food
물/수면/음식의 **필요성**

---

143 **know**
[nou]
knew – known

동 알다, 알고 있다

· Do you **know** him?
너는 그를 **알고 있니?**

---

144 **think**
[θiŋk]
thought – thought

동 생각하다

· What do you **think** about it?
그것에 대해 어떻게 **생각해?**

---

145 **dream**
[driːm]
dreamed – dreamed

명 꿈   동 꿈꾸다

· She has a **dream** of becoming a doctor.
그녀는 의사가 되는 **꿈**을 가지고 있다.

· I **dreamed** about you last night.
나는 어젯밤 네 **꿈을 꿨다.**

146 hope
[houp]
hoped – hoped

동 바라다, 희망하다   명 희망, 기대

- I **hope** to see you soon.
  곧 다시 만나기를 **바라**.

- **hope** for the future
  미래에 대한 **희망**

147 wish
[wiʃ]
wished – wished

명 소원   동 바라다

- make a **wish**
  소원을 빌다

- We **wish** you a Merry Christmas!
  즐거운 크리스마스가 되길 **바라요**!

148 sure
[ʃuər]

형 확신하는, 확실히 아는

- A: Is that Sarah?
  B: I'm not **sure**.
  A: 쟤가 사라니?
  B: 난 **확신이 없어**[잘 모르겠어].

149 idea
[aidíə]

명 생각, 아이디어

- That is a good **idea**!
  그건 좋은 **생각**이다!

150 mind
[maind]

명 마음, 정신

- **mind** and body
  정신과 신체[심신]

- I changed my **mind**.
  나는 **마음**을 바꿨다.

151 care
[kɛr]
cared – cared

명 1. 주의, 조심   2. 돌봄, 보살핌   동 마음을 쓰다

- The children are under my **care**.
  그 아이들은 나의 **보살핌**을 받고 있다.

- I don't **care** about it.
  나는 그것에 대해 **마음을 쓰지** 않는다[신경 쓰지 않는다].

152 decide
[disáid]
decided – decided

동 결정하다, 결심하다

- I can't **decide** between the two.
  나는 둘 중 어느 하나로 **결정할** 수 없다.

153 understand
[ʌ̀ndərstǽnd]
understood – understood

동 이해하다, 알아듣다

- Do you **understand** the problem?
  너는 그 문제를 **이해하니**?

154 believe
[bilíːv]
believed – believed

동 믿다

- I don't **believe** her.
  나는 그녀를 **믿지** 않는다.

155 trust
[trʌst]
trusted – trusted

동 믿다, 신뢰하다*

쉬운뜻 *굳게 믿고 의지하다

- I **trust** my best friend.
  나는 내 가장 친한 친구를 **믿는다**.

ℹ **비교 Point** believe vs. trust

believe는 누군가의 말이나 주장을 믿을 때 사용해요.
- I **believe** her. 나는 그녀를 믿는다. <그녀가 하는 말이 사실이라고 믿을 때>

trust는 시간과 경험을 통해 쌓인 사실을 바탕으로 상대방에 대한 확신을 나타내요.
- I **trust** her. 나는 그녀를 믿는다. <그녀에 대한 신뢰와 기대가 있을 때>

156 **guess**
[ges]
guessed – guessed

동 알아맞히다, 추측하다   명 추측, 짐작

- Can you **guess** her age?
  그녀의 나이를 **알아맞혀** 볼래?

- take a **guess**
  추측해 보다

---

157 **forget**
[fərgét]
forgot – forgotten

동 잊다, 잊어버리다

- I **forgot** my mom's birthday.
  나는 엄마의 생신을 **잊어버렸다**.

---

158 **remember**
[rimémbər]
remembered – remembered

동 기억하다

- Do you **remember** her name?
  너는 그녀의 이름을 **기억하니**?

---

159 **opinion**
[əpínjən]

명 의견, 생각

- I gave my **opinion** about the book.
  나는 그 책에 대한 **의견**을 말했다.

- In my **opinion**, the movie is boring.
  내 **생각**에 그 영화는 지루하다.

➕ in one's opinion ~의 의견으로는, 생각에는

교과서 빈출 표현

160 **keep a diary**
kept – kept

일기를 쓰다

- I **keep a diary** every day.
  나는 매일 **일기를 쓴다**.

VOCA Exercise

정답 p.289

A 빈칸에 알맞은 말을 넣어 어구를 완성하세요.

1 나쁜 꿈[악몽]   a bad _____

2 못 맞히다   _____ wrong

3 강한 마음   a strong _____

4 아이디어가 있다   have an _____

5 이사를 결심하다   _____ to move

B <보기>에서 알맞은 단어를 골라 문장을 완성하세요.

<보기>	hope	sure	remember

1 I can't _____ his name.

2 Are you _____ about that?

3 I _____ my team wins the game.

C 주어진 우리말에 맞게 빈칸에 알맞은 단어를 채워 문장을 완성하세요.

1 네 의견은 무엇이니?

→ What is your _____?

2 너는 그녀의 이야기를 믿니?

→ Do you _____ her story?

3 내일 내 책을 가져오는 것을 잊지 마.

→ Don't _____ to bring my book tomorrow.

4 너는 일기를 쓰니?

→ Do you _____ _____ _____?

A 주어진 단어를 각각 빈칸에 채워 문장을 완성하세요.

035 I _____ to _____ from you soon. (hear, hope)

036 I _____ to _____ up early tomorrow. (get, need)

037 He _____ down and _____ the newspaper. (read, sat)

038 She _____ tired. She needs a _____. (rest, looks)

B <보기>에서 알맞은 단어를 골라 문장을 완성하세요.

<보기>	feels	cut	idea	decided
	used	dropped	sounds	touch
	broke	watch		

039 Your _____ _____ great.

040 He _____ the scissors and _____ the tape.

041 We _____ to _____ a movie at home.

042 _____ the scarf. It _____ very soft.

043 I _____ the dish, and it _____.

C 주어진 우리말에 맞게 다음 빈칸에 알맞은 단어를 쓰세요. (필요시 형태 바꿀 것)

044 _____ to b_____ in yourself.

네 자신을 믿는 것을 기억해.

045 I'm _____ your _____ will come true.

나는 네 꿈이 이루어질 것이라 확신해.

046 Please _____ _____. The bus will

_____ soon.

서둘러 주세요. 버스는 곧 떠날 것입니다.

047 I'd like to _____ your _____ on the movie.

그 영화에 대한 당신의 의견을 듣고 싶습니다.

048 S_____ your _____.

당신의 마음을 말해 주세요[생각하는 그대로 말해 주세요].

049 I didn't _____ the answer, so I just _____.

나는 답을 몰라서 그저 추측했다.

050 Can you _____ me some time to _____ about it?

그것에 대해 생각할 시간을 좀 주시겠어요?

051 I _____ by the bakery, and it _____ amazing.

나는 그 빵집을 지나왔는데, 그곳은 굉장한 냄새가 났다.

052 He _____ the key in the lock and _____

the room.

그는 자물쇠 안에 열쇠를 돌리고 그 방으로 들어갔다.

DAY

09

의사소통

- [ ] meet
- [ ] say
- [ ] tell
- [ ] talk
- [ ] show
- [ ] listen
- [ ] agree
- [ ] greet
- [ ] call
- [ ] letter
- [ ] mail
- [ ] news
- [ ] ask
- [ ] answer
- [ ] lie
- [ ] thank
- [ ] mean
- [ ] shout
- [ ] joke
- [ ] say hello (to)

161 **meet**
[miːt]
met – met

동 만나다
- Nice to **meet** you.
  만나서 반가워요.

162 **say**
[sei]
said – said

동 1. 말하다　2. ~라고 쓰여 있다
- Could you **say** that again?
  다시 **말해** 주시겠어요?
- The sign **says**, "Do not enter."
  표지판에는 '출입 금지'라고 쓰여 있다.

163 **tell**
[tel]
told – told

동 말하다
- He **told** me an interesting story.
  그는 나에게 흥미로운 이야기를 **(말)**해 주었다.

164 **talk**
[tɔːk]
talked – talked

동 말하다, 이야기하다
- She **talked** to her teacher.
  그녀는 선생님과 **이야기했다.**

🔁 **비교 Point** say vs. tell vs. talk

say는 누군가의 말을 대신 전할 때 많이 쓰여요.
- She **said**, "I'm tired." 그녀는 "나는 피곤해."라고 **말했다.**

tell은 상대방에게 어떤 정보를 전달할 때 사용해요.
- She **told** me about her pet dog. 그녀가 내게 자신의 반려견에 대해 **말해 주었다.**

talk는 사람들과 대화를 나눌 때 사용해요.
- We **talked** about our favorite movies. 우리는 가장 좋아하는 영화에 관해 **이야기를 나눴다.**

165 show
[ʃou]
showed – shown

동 보여주다, 나타내다
명 1. 쇼, 공연물   2. 프로그램

- She **showed** me her painting.
  그녀는 나에게 자신의 그림을 **보여주었다**.
- a fashion **show**
  패션쇼
- We are watching a TV **show**.
  우리는 TV **프로그램**을 보고 있다.

166 listen
[lísn]
listened – listened

동 듣다, 귀 기울이다 (to)
- I like to **listen to** music.
  나는 음악을 듣는 것을 좋아한다.

● **More** 누군가가 말하는 것을 귀 기울여 듣거나, 들려오는 사물의 소리를 집중해서 들을 때 사용해요.

167 agree
[əgríː]
agreed – agreed

동 동의하다
- I **agree** with your idea.
  나는 네 생각에 **동의해**.

168 greet
[griːt]
greeted – greeted

동 환영하다, 맞이하다*   취음뜻 *오는 사람을 기다려 받아들이다
- She **greeted** students at the door.
  그녀는 문에서 학생들을 **환영했다**.

➕ greeting 명 인사

169 call
[kɔːl]
called – called

동 1. ~라고 부르다   2. 전화하다
- My parents **call** me "sweetie."
  우리 부모님은 나를 'sweetie'라고 **부르신다**.
- I will **call** you later.
  내가 나중에 **전화할게**.

170 letter
[létər]

명 1. 편지　2. 글자, 문자
- There is a **letter** for you.
  너에게 온 **편지**가 한 통 있다.
- The word "letter" has 6 **letters**.
  'letter'라는 단어는 여섯 **글자**이다.

171 mail
[meil]

명 1. 우편(물)　2. (컴퓨터) 메일 (= email)
- There isn't much **mail** today.
  오늘은 **우편물**이 많지 않다.
- send by **mail**
  우편으로 보내다
- He checks his **mail** every morning.
  그는 아침마다 **메일**을 확인한다.

172 news
[nju:z]

명 1. 소식　2. (TV, 라디오 등의) 뉴스
- I have good **news**.
  좋은 **소식**이 있어.
- watch the **news**
  뉴스를 시청하다

173 ask
[æsk]
asked – asked

동 묻다, 질문하다
- He **asked**, "Where is the library?"
  그는 "도서관은 어디에 있니?"라고 **물었다**.
- Can I **ask** a question?
  저 **질문** 하나 **해도** 될까요?
- ➕ **ask a question** 질문을 하다

174 answer
[ǽnsər]
answered – answered

명 답, 대답　동 대답하다
- a wrong **answer**
  틀린 **답**
- I **answered** the question.
  나는 질문에 **대답했다**.

175 lie
[lai]
lied – lied

동 거짓말하다 명 거짓말

· I won't **lie** to you.
나는 너에게 **거짓말하지** 않을게.

· That was a **lie**.
그것은 **거짓말**이었다.

---

176 thank
[θæŋk]
thanked – thanked

동 감사하다, 고마워하다

· **Thank** you for your help.
도와주셔서 **감사합니다**.

· He **thanked** his parents for their gift.
그는 선물에 대해 부모님께 **감사해했다**.

---

177 mean
[mi:n]
meant – meant

동 의미하다, ~을 뜻하다

· The red light **means** "Stop."
빨간불은 '멈추라'는 것을 **의미한다**.

---

178 shout
[ʃaut]
shouted – shouted

동 외치다, 소리치다

· Don't **shout**. I can hear you.
소리치지 마. 네 말 들려.

---

179 joke
[dʒouk]
joked – joked

명 농담, 장난 동 농담하다

· make a **joke**
농담을 하다

· Don't **joke** about my hair.
내 머리에 대해서 **농담하지** 마.

교과서 빈출 표현

180 say hello (to)
said – said

(~에게) 안부를 전하다, 인사하다

· **Say hello to** your parents.
부모님께 안부 전해 줘.

VOCA Exercise

정답 p.290

A 빈칸에 알맞은 말을 넣어 어구를 완성하세요.

1 편지를 쓰다   write a _____

2 우편함을 확인하다   check one's _____ box

3 토크쇼   a talk _____

4 정답   the right _____

5 중요한 소식   big _____

B 빈칸에 알맞은 형태를 쓰세요.

1 say   - (과거형) _____   - (과거분사형) _____

2 tell   - (과거형) _____   - (과거분사형) _____

3 meet   - (과거형) _____   - (과거분사형) _____

4 mean   - (과거형) _____   - (과거분사형) _____

5 agree   - (과거형) _____   - (과거분사형) _____

C <보기>에서 알맞은 단어를 골라 문장을 완성하세요.

<보기> shout	asked	lie	called

1 Minsu _____ me last night.

2 She _____, "What's your name?"

3 Don't _____. The baby is sleeping.

4 He told a _____ to his parents.

DAY

10

의미를
더해주는 어휘

- [ ] really
- [ ] so
- [ ] also
- [ ] about
- [ ] again
- [ ] then
- [ ] later
- [ ] just
- [ ] true
- [ ] fact
- [ ] example
- [ ] loud
- [ ] careful
- [ ] maybe
- [ ] possible
- [ ] easily
- [ ] suddenly
- [ ] actually
- [ ] especially
- [ ] each other

181 **really**
[rí(ː)əli]

㉟ 정말로, 아주

- I **really** like this song.
  나는 이 노래를 **정말** 좋아한다.

---

182 **so**
[sou]

㉟ 1. 정말, 너무나 2. 그렇게 ㉧ 그래서

- I'm **so** hungry.
  나는 **정말** 배가 고프다.

- Why are you **so** upset?
  너는 왜 **그렇게** 화가 났니?

- It was cold, **so** I stayed at home.
  너무 추웠고, **그래서** 나는 집에 머물렀다.

---

183 **also**
[ɔ́ːlsou]

㉟ 또한, ~도

- He sings and **also** dances well.
  그는 노래를 잘 부르고 춤**도** 잘 춘다.

---

184 **about**
[əbáut]

㉠ ~에 대해 ㉟ 약, 대략

- I'm not sure **about** the answer.
  나는 그 답**에 대해** 확신이 없다.

- There were **about** 30 people at the party.
  그 파티에는 **약** 30명의 사람들이 있었다.

---

185 **again**
[əgén]

㉟ 다시, 한 번 더

- I'll never go there **again**.
  나는 절대로 그곳에 **다시** 가지 않을 거야.

186 then
[ðen]

부 1. 그때　2. 그다음에, 그러고 나서　3. 그러면

- See you **then**.
  그때 보자.

- Read the question and **then** answer it.
  문제를 읽고 **그다음에** 답하세요.

- A: I'm not feeling well.
  B: **Then** you should see a doctor.
  A: 나 몸이 좋지 않아.
  B: **그러면** 병원에 가야 해.

---

187 later
[léitər]

부 나중에, 후에

- I'll talk to you **later**.
  내가 **나중에** 너한테 이야기해 줄게.

---

188 just
[dʒʌst]

부 그저, 단지

- It was **just** a joke.
  그것은 **그저** 농담이었어.

---

189 true
[tru:]

형 1. 사실의, 진짜의　2. 진정한

- a **true** story
  실화

- She is a **true** friend to me.
  그녀는 나에게 **진정한** 친구이다.

---

190 fact
[fækt]

명 사실

- fun **facts**
  흥미로운 **사실들**

- They are not cousins. **In fact**, they are brothers.
  그들은 사촌이 아니야. **사실은**, 형제야.

  ➕ in fact 사실은, 실제로는

191 example
[igzǽmpl]

명 예, 예시, 보기

- give an **example**
  예를 들다
- She plays sports, **for example**, soccer.
  그녀는 **예를 들어** 축구와 같은 운동을 한다.

➕ for example 예를 들어

---

192 loud
[laud]

형 (소리가) 큰, 시끄러운

- He spoke in a **loud** voice.
  그는 **큰** 목소리로 말했다.

➕ loudly 뷰 큰 소리로
➕ quiet 형 조용한

---

193 careful
[kέərfəl]

형 조심하는, 주의 깊은

- Be **careful** with the fire.
  불 조심해.

---

194 maybe
[méibiː]

뷰 아마도, 어쩌면

- **Maybe** she is not at home now.
  아마도 그녀는 지금 집에 없을 거야.

---

195 possible
[pásəbl]

형 가능한

- as soon as **possible**
  가능한 한 빨리
- That's not **possible**.
  그것은 **가능하지** 않아.

➕ impossible 형 불가능한

196 **easily**
[ìzili]

[부] 쉽게, 수월하게*

쉬운뜻 *까다롭거나 힘들지 않고 쉽게

• She makes friends **easily**.
그녀는 친구들을 **쉽게** 사귄다.

➕ **easy** [형] 쉬운, 수월한

---

197 **suddenly**
[sʌ́dnli]

[부] 갑자기

• **Suddenly**, it started to rain.
갑자기 비가 내리기 시작했다.

---

198 **actually**
[ǽktʃuəli]

[부] 1. 실제로   2. 실은, 사실은 (= in fact)

• What did she **actually** say?
그녀가 **실제로** 뭐라고 말했니?

• **Actually**, that's not true.
실은, 그건 사실이 아니에요.

---

199 **especially**
[ispéʃəli]

[부] 1. 특히   2. 특별히

• I love animals, **especially** cats.
나는 동물 중 **특히** 고양이를 정말 좋아한다.

• I made it **especially** for you.
난 **특별히** 너를 위해 그것을 만들었어.

교과서 빈출 표현

200 **each other**

[대] 서로

• We help **each other** in class.
우리는 수업 시간에 **서로**를 돕는다.

VOCA Exercise

정답 p.290

A 빈칸에 알맞은 말을 넣어 어구를 완성하세요.

1 적절한 예   a good _____

2 3년 후에   three years _____

3 가능한 답   a _____ answer

4 진정한 사랑   _____ love

5 한국에 관한 책   a book _____ Korea

B <보기>에서 알맞은 단어를 골라 문장을 완성하세요.

<보기>   loud   especially   easily

1 The music is too _____.

2 She _____ solved the puzzle.

3 He _____ likes Chinese food.

C 주어진 우리말에 맞게 빈칸에 알맞은 단어를 채워 문장을 완성하세요.

1 아마도 내일 눈이 올 것이다.

→ _____ it will snow tomorrow.

2 너를 다시 보게 되어서 너무 기뻐.

→ I'm so happy to see you _____.

3 오늘은 그저 어제와 똑같은 하루였다.

→ Today was _____ the same as yesterday.

4 그들은 서로의 옆에 앉았다.

→ They sat next to _____ _____.

정답 p.290

A

주어진 단어를 각각 빈칸에 채워 문장을 완성하세요.

053 I _____ to tell you good _____. (called, news)

054 Do not _____ to me _____. (again, lie)

055 I _____ think the _____ is not funny. (just, joke)

056 Let's _____ for lunch _____ this week.

(meet, later)

B

<보기>에서 알맞은 단어를 골라 문장을 완성하세요.

<보기>	show	careful	shouted	suddenly
	maybe	loud	call	examples
	about	talk		

057 _____, there was a _____ noise.

058 The man _____, "_____ 911!"

059 Can I _____ to you _____ something?

060 Let me _____ you some _____.

061 _____ you should be _____ next time.

C 주어진 우리말에 맞게 다음 빈칸에 알맞은 단어를 쓰세요. (필요시 형태 바꿀 것)

062 Is it _____ _____ he's moving?

그가 이사 간다는 게 정말 진짜야?

063 Is it _____ to call _____ tonight?

오늘 밤 나중에 전화하는 게 가능할까요[전화할 수 있나요]?

064 This _____ " _____ you for your help."

이것은 "도와주셔서 감사합니다"라는 의미이다.

065 We _____ and _____ for hours.

우리는 만나서 몇 시간 동안 이야기를 나눴다.

066 He _____ us and _____ gave us a welcome drink.

그는 우리를 환영한 다음에 환영 음료를 주었다.

067 The book is full of interesting _____ _____ animals.

그 책은 동물에 관한 흥미로운 사실들로 가득하다.

068 We didn't _____ _____ to _____ _____.

우리는 서로에게 인사하지 않았다.

069 She's not _____ a classmate. _____, she's my best friend.

그녀는 그저 반 친구가 아니다. 사실은, 나의 가장 친한 친구이다.

DAY 11

옷

- ☐ wear
- ☐ shirt
- ☐ jacket
- ☐ skirt
- ☐ dress
- ☐ shoes
- ☐ socks
- ☐ pants
- ☐ jeans
- ☐ shorts
- ☐ clothes
- ☐ uniform
- ☐ ring
- ☐ cap
- ☐ tie
- ☐ gloves
- ☐ umbrella
- ☐ pocket
- ☐ button
- ☐ put on

201 wear
[wɛər]
wore – worn

동 입다, 쓰다, 착용하다
- **wear** a coat/a tie/glasses/a seat belt
  외투를 **입다**/넥타이를 **매다**/안경을 **쓰다**/안전벨트를 **착용하다**
- He **is wearing** a hat.
  그는 모자를 쓰고 있다.

---

202 shirt
[ʃəːrt]

명 셔츠
- a white **shirt**
  흰색 **셔츠**[와이셔츠]
- I have many **T-shirts**.
  나는 **티셔츠**가 많이 있다.
- **T-shirt** 명 티셔츠

---

203 jacket
[dʒǽkit]

명 재킷, 상의
- Wear your **jacket**. It's cold outside.
  재킷을 입어. 밖에 추워.

---

204 skirt
[skəːrt]

명 치마
- a long **skirt**
  긴 **치마**

---

205 dress
[dres]

명 드레스, 원피스
- a wedding **dress**
  웨딩드레스
- I want this **dress**!
  저는 이 **원피스**를 원해요!

206 **shoes**
[ʃuːz]

명 신발

- running **shoes**
  달리기용 **신발**[운동화]

- What size **shoes** do you wear?
  신발은 몇 사이즈 신으세요?

207 **socks**
[saːks]

명 양말

- a pair of **socks**
  양말 한 켤레

- I don't like wearing **socks** in summer.
  나는 여름에 **양말** 신는 것을 좋아하지 않는다.

208 **pants**
[pænts]

명 바지

- These **pants** are too short for me.
  이 **바지**는 나한테 너무 짧다.

209 **jeans**
[dʒiːnz]

명 청바지, 데님 바지

- Your **jeans** look great!
  네 **청바지** 좋아 보인다!

210 **shorts**
[ʃɔrts]

명 반바지

- He cannot wear **shorts** at work.
  그는 직장에서 **반바지**를 입을 수 없다.

More 바지 종류는 두 다리를 덮고 있으므로 대부분 복수형으로 쓰여요. 따라서 주어로 쓰일 때는 복수형 동사를 사용해요.

- The **pants** are too big for me. 그 **바지**는 나에게 너무 크다.
  복수형 동사

- These **jeans** need washing. 이 **청바지**는 세탁이 필요하다.
  복수형 동사

211 clothes
[klouðz]

명 옷, 의복

· She needs **clothes** for sports day.
그녀는 운동회 때 입을 **옷**이 필요하다.

· change **clothes**
옷을 갈아입다

---

212 uniform
[júːnəfɔːrm]

명 교복, 제복*, 유니폼   쉬운뜻 *회사, 기관 등에서 디자인을 정한 복장

· in **uniform**
제복을 입고
· I like my school **uniform**.
나는 **교복**이 좋다.

---

213 ring
[riŋ]
rang – rung

명 반지, 고리   동 (전화가) 울리다

· a gold **ring**
금**반지**

· The cellphone **is ringing**.
휴대전화가 **울리고** 있다.

---

214 cap
[kæp]

명 모자

· a baseball **cap**
야구 **모자**

● **More** 주로 야구 모자처럼 앞에 챙이 있는 모자를 가리켜요.
또한 다른 단어와 합쳐져 특정 용도를 나타내기도 해요.
· a shower **cap** 샤워 **모자**   · a swimming **cap** 수영 **모자**

---

215 tie
[tai]
tied – tied

명 넥타이   동 묶다, 매달다

· He wore a blue **tie**.
그는 파란 **넥타이**를 매고 있었다.

· I **tied** back my hair.
나는 머리를 뒤로 **묶었다**.

216 **gloves**
[glʌvz]

명 장갑
- I lost one of my **gloves**.
  나는 **장갑** 한 짝을 잃어버렸다.
- I have **gloves** on.
  나는 **장갑**을 끼고 있다.

217 **umbrella**
[ʌmbrélə]

명 우산
- Don't forget your **umbrella**.
  우산을 잊지 마.

218 **pocket**
[pάkit]

명 주머니
- Check your **pocket**.
  네 **주머니**를 확인해 봐.

219 **button**
[bʌ́tən]
buttoned – buttoned

명 단추, 버튼   동 단추를 잠그다
- Her dress had small **buttons** at the back.
  그녀의 원피스는 뒤에 작은 **단추들**이 있었다.
- the play **button**
  재생 **버튼**
- **Button** up your jacket.
  재킷 **단추를 잠가라**.

교과서 빈출 표현

220 **put on**

put – put

1. 입다, 착용하다   2. 바르다
- I **put on** my coat and went outside.
  나는 코트를 **입고** 밖으로 나갔다.
- **put on** make-up
  화장품을 **바르다**[화장하다]

VOCA Exercise

정답 p.290

A 빈칸에 알맞은 말을 넣어 어구를 완성하세요.

1 옷을 세탁하다   wash _____

2 따뜻한 장갑   warm _____

3 리본을 묶다   _____ a ribbon

4 여름용 원피스   a summer _____

5 우산을 펴다   open an _____

B <보기>에서 알맞은 단어를 골라 문장을 완성하세요.

> <보기>   socks   pants   uniform

1 He was wearing a police _____.

2 She wore long _____ with the skirt.

3 These _____ are too big. I need a belt.

C 주어진 우리말에 맞게 빈칸에 알맞은 단어를 채워 문장을 완성하세요.

1 너는 주머니에 무엇을 갖고 있니?

→ What do you have in your _____?

2 그 흰 모자는 너에게 잘 어울린다.

→ The white _____ looks good on you.

3 밖에는 더워. 반바지를 입는 게 좋아.

→ It's hot outside. You should wear _____.

4 나는 그 셔츠랑 같이 청바지를 입을 것이다.

→ I'll _____ _____ my _____
with the shirt.

DAY

12

음식

- ☐ bread
- ☐ meat
- ☐ fruit
- ☐ vegetable
- ☐ rice
- ☐ soup
- ☐ salt
- ☐ sugar
- ☐ sweet
- ☐ spicy
- ☐ delicious
- ☐ breakfast
- ☐ drink
- ☐ snack
- ☐ dessert
- ☐ cream
- ☐ chocolate
- ☐ sandwich
- ☐ hamburger
- ☐ spaghetti

음식

---

221 **bread**
[bred]

명 빵

• bake **bread**
빵을 굽다

• a piece of **bread**
빵 한 조각

---

222 **meat**
[miːt]

명 고기

• Some people don't eat **meat**.
어떤 사람들은 **고기**를 먹지 않는다.

---

223 **fruit**
[fruːt]

명 과일

• a basket of **fruit**
과일 한 바구니

• My favorite **fruit** is bananas.
내가 가장 좋아하는 **과일**은 바나나다.

Voca Plus 여러 가지 과일

• **pear** 배 • **peach** 복숭아 • **cherry** 체리 • **plum** 자두
• **pineapple** 파인애플 • **blueberry** 블루베리 • **strawberry** 딸기 • **watermelon** 수박

---

224 **vegetable**
[védʒitəbl]

명 채소

• **Vegetables** are good for your health.
채소는 건강에 좋다.

Voca Plus 여러 가지 채소

• **carrot** 당근 • **potato** 감자 • **tomato** 토마토 • **onion** 양파
• **pumpkin** 호박 • **garlic** 마늘 • **cucumber** 오이

225 rice
[rais]

명 쌀, 밥

- I eat **rice** every day.
나는 **쌀**을 매일 먹는다.

226 soup
[su:p]

명 수프, 국

- The **soup** is hot.
그 **수프**는 뜨겁다.

- a bowl of **soup**
수프 한 그릇

227 salt
[sɔ:lt]

명 소금

- **salt** and pepper
소금과 후추

- There is too much **salt** in the popcorn.
팝콘에 **소금**이 너무 많아.

➕ salty 형 맛이 짠

228 sugar
[ʃúgər]

명 설탕

- **Sugar** is bad for your teeth.
설탕은 치아에 좋지 않다.

229 sweet
[swi:t]

형 달콤한 명 단것

- The cookie is so **sweet**.
그 쿠키는 매우 **달콤하다**.

- I want some **sweets**.
나는 **단것**을 좀 먹고 싶다.

230 spicy
[spáisi]

혱 매운, 양념 맛이 강한

- Many Koreans enjoy **spicy** food.
많은 한국인들은 **매운** 음식을 즐겨 먹는다.

231 delicious
[dilíʃəs]

혱 맛있는 (= tasty)

- The apple pie is **delicious**.
그 애플파이는 **맛있다**.

232 breakfast
[brékfəst]

몡 아침 식사

- I had toast for **breakfast**.
나는 **아침 식사**로 토스트를 먹었다.

➕ lunch 몡 점심, 점심 식사
➕ dinner 몡 저녁, 만찬

233 drink
[driŋk]
drank – drunk

동 마시다   몡 음료(수)

- She **drinks** milk every morning.
그녀는 매일 아침 우유를 **마신다**.

- a cold **drink**
차가운 **음료**

234 snack
[snæk]

몡 간식, 간단한 식사

- I had some cookies for a **snack**.
나는 **간식**으로 약간의 쿠키를 먹었다.

235 dessert
[dizə́rt]

몡 후식, 디저트

- We had ice cream for **dessert**.
우리는 **후식**으로 아이스크림을 먹었다.

236 **cream**
[krim]

명 1. (우유로 만든) 크림   2. (화장용) 크림

- She put **cream** on her strawberries.
  그녀는 딸기에 **크림**을 얹었다.

- hand **cream**
  손에 바르는 **크림**

---

237 **chocolate**
[tʃɔ́kələt]

명 초콜릿

- hot **chocolate**
  핫 **초콜릿**[코코아]

- He gave me a box of **chocolates**.
  그는 나에게 **초콜릿** 한 상자를 주었다.

---

238 **sandwich**
[sǽndwiʃ]

명 샌드위치

- I had a ham **sandwich** for lunch.
  나는 점심으로 햄**샌드위치**를 먹었다.

---

239 **hamburger**
[hǽmbə̀:rgər]

명 햄버거

- I'd like a **hamburger** and fries.
  햄버거와 감자튀김을 먹고 싶어요.

More 줄여서 burger라고도 표현하며 음식 재료와 함께 쓰여 햄버거의 종류를 표현할 수 있어요.
- a cheese**burger** 치즈버거   • a veggie **burger** 채소 버거

---

240 **spaghetti**
[spəɡéti]

명 스파게티

- I love tomato **spaghetti**.
  나는 토마토**스파게티**를 아주 좋아한다.

VOCA Exercise

정답 p.290

A 빈칸에 알맞은 말을 넣어 어구를 완성하세요.

1 신선한 과일   fresh _____

2 다크 초콜릿   dark _____

3 아침 식사를 하다   have _____

4 매운 소스   _____ sauce

5 밥 한 그릇   a bowl of _____

B <보기>에서 알맞은 단어를 골라 문장을 완성하세요.

<보기>	sugar	spaghetti	drink

1 I want something to _____.

2 The fruit juice has a lot of _____ in it.

3 Mom made me cream _____ for dinner.

C 주어진 우리말에 맞게 빈칸에 알맞은 단어를 채워 문장을 완성하세요.

1 그는 생선은 좋아하지만 고기는 좋아하지 않는다.

   → He likes fish, but not _____.

2 수프 한 그릇 먹어도 될까요?

   → Can I have a bowl of _____?

3 후식으로 무엇을 드릴까요?

   → What would you like for _____?

4 그녀는 나에게 빵 한 조각을 주었다.

   → She gave me a piece of _____.

DAY

13

집

- [ ] live
- [ ] home
- [ ] house
- [ ] key
- [ ] lock
- [ ] bedroom
- [ ] kitchen
- [ ] living room
- [ ] bathroom
- [ ] restroom
- [ ] bath
- [ ] wall
- [ ] window
- [ ] floor
- [ ] hall
- [ ] stair
- [ ] roof
- [ ] garden
- [ ] address
- [ ] take a shower

241 **live**
[liv]
lived – lived

동 살다

- Where do you **live**?
  너는 어디에서 **사니**?

- He **lives** close to the school.
  그는 학교 가까이에서 **산다**.

---

242 **home**
[houm]

명 1. 집, 가정　2. 고향 (= hometown)　부 집으로, 집에

- No one is at **home** now.
  지금 **집**에 아무도 없다.

- I miss my friends back **home**.
  나는 **고향** 친구들이 그립다.

- I went **home** after school.
  나는 방과 후에 **집으로** 갔다.

---

243 **house**
[haus]

명 집, 주택

- in the **house**
  집 안에[집에]

- We went to his **house**.
  우리는 그의 **집으로** 갔다.

🔔 비교 **Point**　home vs. house

- home은 건물 또는 소속감이 있는 장소나 보금자리를 의미해요.
- house는 주택 형태의 건물이나 거주지를 나타내요.

---

244 **key**
[kiː]

명 열쇠, 키

- I got a **key** to the hotel room.
  나는 호텔 객실 **키**를 받았다.

245 **lock**

[lɑk]
locked – locked

[동] 잠그다   [명] 자물쇠

• Did you **lock** the door?
너는 그 문을 **잠갔니**?

• There is a **lock** on the door.
문에 **자물쇠**가 있다.

246 **bedroom**

[bédrù(:)m]

[명] 침실

• Dad is sleeping in the **bedroom**.
아빠는 **침실**에서 주무시고 계신다.

247 **kitchen**

[kítʃən]

[명] 부엌, 주방

• He is cooking in the **kitchen**.
그는 **부엌**에서 요리하는 중이다.

248 **living room**

[líviŋrù(:)m]

[명] 거실

• We watch TV in the **living room**.
우리는 **거실**에서 TV를 본다.

249 **bathroom**

[bǽθrù(:)m]

[명] 화장실

• May I use your **bathroom**?
화장실 좀 사용해도 될까요?

250 **restroom**

[réstrù(:)m]

[명] 화장실

• Excuse me. Where is the **restroom**?
실례합니다. **화장실**은 어디에 있나요?

🔂 비교 **Point**   bathroom vs. restroom

• bathroom은 주로 집, 주택 안에 있는 화장실을 의미하여, 안에 세면대, 변기, 욕조 등이 있어요.
• restroom은 주로 식당, 영화관 같은 공공장소에 있는 화장실을 말해요.

251 **bath**
[bæθ]

명 목욕

· take a **bath**
목욕하다

➕ bathtub 명 욕조

---

252 **wall**
[wɔːl]

명 벽, 담*

위든뜻 *흙, 돌 등으로 집 둘레에 쌓아 놓은 것 (= 담장)

· There is a clock on the **wall**.
시계가 **벽**에 걸려 있다.

---

253 **window**
[wíndou]

명 창문

· Could you open the **window**?
창문 좀 열어주시겠어요?

---

254 **floor**
[flɔːr]

명 1. 바닥   2. 층

· We sat on the **floor**.
우리는 **바닥**에 앉았다.

· the first **floor**
1층

---

255 **hall**
[hɔːl]

명 1. 복도   2. 홀*
      3. (건물 입구 안쪽의) 현관

위든뜻 *회의, 식사, 콘서트 등을 위한
큰 방이나 건물

· The bathroom is down the **hall**.
화장실은 **복도**를 따라가면 있어요.

· a concert **hall**
콘서트**홀**

· the front **hall** of a house
집 앞 **현관**

256 stair
[stɛər]

명 (-s) 계단

· She ran up the **stairs**.
그녀는 **계단** 위로 뛰어갔다.

---

257 roof
[ru(:)f]

명 지붕

· There is a lot of snow on the **roof**.
지붕 위에 눈이 많이 있다.

---

258 garden
[ɡáːrdən]

명 정원

· She grows roses in her **garden**.
그녀는 **정원**에서 장미를 기른다.

---

259 address
[ədrés]

명 주소

· name and **address**
이름과 **주소**

· Can you give me the **address**?
제게 **주소**를 알려주실래요?

교과서 빈출 표현

260 take a shower

took – taken

샤워하다

· I **take a shower** in the morning.
나는 아침에 **샤워한다**.

· He **took a shower** and went out.
그는 **샤워하고** 외출했다.

VOCA Exercise

정답 p.290

A 빈칸에 알맞은 말을 넣어 어구를 완성하세요.

1 댄스홀   a dance _____

2 부엌 테이블[식탁]   a _____ table

3 거품 목욕   a bubble _____

4 창문을 닫다   close the _____

5 이메일 주소   an email _____

B <보기>에서 알맞은 단어를 골라 문장을 완성하세요.

> <보기>   bathroom   garden   stairs

1 You should not play on the _____ .

2 Go and wash your hands in the _____ .

3 Do not pick any flowers in the _____ .

C 주어진 우리말에 맞게 빈칸에 알맞은 단어를 채워 문장을 완성하세요.

1 카페는 2층에 있다.

→ The cafe is on the second _____ .

2 그 그림을 벽에 걸어라.

→ Hang the picture on the _____ .

3 나가실 때 문을 잠가주세요.

→ Please _____ the door when you leave.

4 그들은 거실에서 이야기를 나누고 있다.

→ They are talking in the _____ _____ .

A 주어진 단어를 각각 빈칸에 채워 문장을 완성하세요.

070 I added _____ to the _____. (soup, salt)

071 _____ can be a healthy _____. (fruit, snack)

072 The ham _____ comes with a _____. (drink, sandwich)

073 She wears _____ when she works in the _____.

(garden, gloves)

B <보기>에서 알맞은 단어를 골라 문장을 완성하세요.

<보기>	home	restroom	sweet	floor
	dessert	hall	shoes	kitchen
	shower	tie		

074 I dropped a spoon on the _____ _____.

075 I had a _____ _____ after dinner.

076 I came _____ from school and took a _____.

077 The _____ is at the end of the _____.

078 Wait. I need to _____ my _____ first.

C 주어진 우리말에 맞게 다음 빈칸에 알맞은 단어를 쓰세요. (필요시 형태 바꿀 것)

079 He _____ a baseball _____ to the game.

그는 경기 보러 야구 모자를 썼다.

080 I usually have some _____ for _____.

나는 주로 아침 식사로 빵을 조금 먹는다.

081 We took the _____ to the fourth _____.

우리는 4층까지 계단을 올라갔다.

082 She changed her _____ in her _____.

그녀는 침실에서 옷을 갈아입었다.

083 He wore his _____ and _____ for the wedding.

그는 결혼식에 재킷과 넥타이를 맸다.

084 His house has three _____ and two _____.

그의 집은 세 개의 침실과 두 개의 화장실이 있다.

085 The _____ on my _____ came off.

내 셔츠에 있는 단추 하나가 떨어졌다.

086 This food is _____. Can I have something to

_____?

이 음식은 매워요. 마실 것 좀 주시겠어요?

087 He _____ the room and put the key in his _____.

그는 방문을 잠그고 열쇠를 주머니에 넣었다.

DAY
14

집 안의 물건

- [ ] pan
- [ ] pot
- [ ] oven
- [ ] knife
- [ ] fork
- [ ] spoon
- [ ] dish
- [ ] bowl
- [ ] bottle
- [ ] glass
- [ ] case
- [ ] basket
- [ ] brush
- [ ] towel
- [ ] mirror
- [ ] lamp
- [ ] fan
- [ ] candle
- [ ] frame
- [ ] set the table

집 안의 물건

261 pan
[pæn]

명 (손잡이가 달린 얕은) 팬

• a frying **pan**
프라이**팬**

• Clean the **pan** after cooking.
요리 후에 **팬**을 씻으세요.

262 pot
[pɑt]

명 냄비, 솥, 항아리

• The water is boiling in the **pot**.
물이 **냄비** 안에서 끓고 있다.

263 oven
[ʌvən]

명 오븐

• bake in the **oven**
오븐에서 굽다

• She took the cookies out of the **oven**.
그녀는 **오븐**에서 쿠키를 꺼냈다.

264 knife
[naif]

명 칼

• Be careful with the **knife**. You may cut yourself.
칼 조심해. 네가 베일 수도 있어.

265 fork
[fɔːrk]

명 포크

• The knife and **fork** are on a napkin.
칼과 **포크**는 냅킨 위에 올려져 있다.

266 **spoon**
[spu:n]

명 숟가락, 스푼

- one **spoon** of sugar
  설탕 한 **스푼**

- I need a **spoon** for the soup.
  저 수프 **숟가락** 하나 필요해요.

---

267 **dish**
[diʃ]

명 1. 접시 (= plate)   2. (접시에 담은) 요리

- I dropped the **dish** on the floor.
  나는 바닥에 **접시**를 떨어뜨렸다.

- Try this new **dish**.
  이 새로운 **요리**를 드셔보세요.

---

268 **bowl**
[boul]

명 (우묵한) 그릇, (요리용의) 볼

- I had a **bowl** of cereal.
  나는 시리얼 한 **그릇** 먹었다.

➕ a bowl of ~의 한 그릇

---

269 **bottle**
[bάtl]

명 병

- a plastic **bottle**
  플라스틱**병**

- Bring snacks and a **bottle** of water.
  간식과 물 한 **병**을 가져오세요.

---

270 **glass**
[glæs]

명 1. 유리   2. 유리잔

- a **glass** jar
  유리병

- I'll have a **glass** of juice.
  저는 주스 한 **잔** 마실게요.

➕ a glass of ~의 한 잔

➕ glasses 명 안경

271 case
[keis]

명 상자, 용기, 케이스

- a pencil **case**
필통

- He put the ring in the **case**.
그는 **케이스** 안에 반지를 넣었다.

---

272 basket
[bǽskit]

명 바구니

- The apples are in a **basket**.
사과는 **바구니** 안에 있다.

---

273 brush
[brʌʃ]
brushed – brushed

명 붓, 솔 동 닦다, 솔질하다

- a soft **brush**
부드러운 **솔**

- Dad **brushed** his shoes.
아빠는 신발을 **솔질하셨다**.

➕ hairbrush 명 머리 빗는 솔, 빗

---

274 towel
[táuəl]

명 수건, 타월

- a bath **towel**
목욕용 **수건**

- Dry the dishes with a **towel**.
타월로 접시를 말려라[물기를 닦아라].

---

275 mirror
[mírər]

명 거울

- She put on her lipstick in the **mirror**.
그녀는 **거울**을 보며 립스틱을 발랐다.

276 **lamp**
[læmp]

명 전등, 램프

- a desk **lamp**
  책상 전등
- The **lamp** is on the table.
  램프는 테이블 위에 있다.

---

277 **fan**
[fæn]

명 1. 선풍기, 부채, 환풍기　2. 팬

- turn on a **fan**
  선풍기를 켜다
- I'm a big **fan** of the singer.
  나는 그 가수의 열성 **팬**이다.

---

278 **candle**
[kǽndl]

명 초, 양초

- Birthday **candle**
  생일 초
- The **candle** is burning on the table.
  초가 테이블 위에서 타고 있다.

---

279 **frame**
[freim]

명 1. 틀, 액자　2. 뼈대*　　수능뜻 *물체, 건물 등의 중심이 되는 구조

- He put the picture **frame** on the desk.
  그는 사진 **액자**를 책상 위에 두었다.
- a car **frame**
  자동차의 **뼈대**

교과서 빈출 표현

280 **set the table**

set – set

식탁을 차리다

- Can you **set the table** for dinner?
  저녁 식사를 위해 **식탁을 차려**줄래?

VOCA Exercise

정답 p.291

A 빈칸에 알맞은 말을 넣어 어구를 완성하세요.

1 축구 팬   a soccer _____

2 키친타월   a kitchen _____

3 곁들이는 요리   a side _____

4 장바구니   a shopping _____

5 새 침대 틀   a new bed _____

B <보기>에서 알맞은 단어를 골라 문장을 완성하세요.

<보기> pan	spoon	lamp

1 I'm eating soup with a _____.

2 Use the _____ to cook eggs.

3 It's too dark here. Can you turn on the _____?

C 주어진 우리말에 맞게 빈칸에 알맞은 단어를 채워 문장을 완성하세요.

1 물 한 병 주시겠어요?

→ Can I have a _____ of water?

2 나는 거울에 비친 나 자신을 바라보았다.

→ I looked at myself in the _____.

3 나는 하루에 세 번 이를 닦는다.

→ I _____ my teeth three times a day.

4 그녀는 안경을 케이스에 보관한다.

→ She keeps her glasses in a _____.

Preview Check

DAY 15

집안일

- [ ] add
- [ ] mix
- [ ] cook
- [ ] bake
- [ ] boil
- [ ] fry
- [ ] recipe
- [ ] clean
- [ ] water
- [ ] wash
- [ ] fold
- [ ] set
- [ ] dust
- [ ] neat
- [ ] fix
- [ ] trash
- [ ] housework
- [ ] throw away
- [ ] do the dishes
- [ ] make the bed

집안일

---

281 **add**
[æd]
added – added

동 더하다, 추가하다

- He **added** potatoes to the soup.
  그는 수프에 감자를 **추가했다**.

➕ add A to B A에 B를 더하다, 추가하다

---

282 **mix**
[miks]
mixed – mixed

동 섞다, 혼합하다*
명 섞인 것, 혼합 가루

쉬운뜻 *뒤섞어서 한곳에 합하다

- **Mix** the flour and water.
  밀가루와 물을 **섞어라**.

- a pancake **mix**
  팬케이크 **혼합 가루[믹스]**

---

283 **cook**
[kuk]
cooked – cooked

동 요리하다   명 요리사

- Dad **cooked** dinner for us.
  아빠는 우리를 위해 저녁을 **요리하셨다**.

- She is a very good **cook**.
  그녀는 매우 훌륭한 **요리사**이다.

---

284 **bake**
[beik]
baked – baked

동 (빵 등을) 굽다

- She **baked** an apple pie.
  그녀는 사과파이를 **구웠다**.

---

285 **boil**
[bɔil]
boiled – boiled

동 끓다, 끓이다

- Water **boils** at 100°C.
  물은 섭씨 100도에서 **끓는다**.

- I **boiled** some water for coffee.
  나는 커피에 사용할 물을 조금 **끓였다**.

286 **fry**
[frai]
fried – fried

동 튀기다, (기름에) 굽다, 부치다

• She **fried** an egg in the pan.
그녀는 팬에 달걀을 **부쳤다**.

287 **recipe**
[résəpìː]

명 조리법

• a **recipe** for tomato pasta
토마토 파스타 **조리법**

288 **clean**
[kliːn]
cleaned – cleaned

형 깨끗한   동 청소하다

• **clean** clothes
깨끗한 옷

• Did you **clean** your room?
네 방을 **청소했니**?

289 **water**
[wɔ́ːtər]
watered – watered

명 물   동 ~에 물을 주다

• a glass of **water**
물 한 잔

• He **waters** the flowers every day.
그는 매일 꽃**에 물을 준다**.

290 **wash**
[wɑʃ]
washed – washed

동 씻다, 세탁하다

• I **wash** my face in the morning.
나는 아침에 얼굴을 **씻는다**[세수한다].

• Dad **washes** his car once a week.
아빠는 일주일에 한 번 **세차하신다**.

291 fold

[fould]

folded – folded

동 접다, 포개다

· **fold** clothes
옷을 **접다**[개다]

· Can you **fold** the towels for me?
수건을 좀 **접어줄래**?

---

292 set

[set]

set – set

동 1. ~을 두다, 놓다   2. (기계 등을) 맞추다
명 한 벌, 세트

· I **set** the box on the floor.
나는 바닥에 상자를 **두었다**.

· **Set** the oven to a high heat.
오븐을 고온에 **맞추세요**.

· a **set** of four chairs
네 개짜리 의자 한 **세트**

---

293 dust

[dʌst]

dusted – dusted

명 먼지   동 먼지를 털다

· The room is full of **dust**.
그 방은 **먼지**로 가득했다[먼지투성이다].

· He **dusted** the old books.
그는 오래된 책들의 **먼지를 털었다**.

---

294 neat

[niːt]

형 정돈된, 단정한*

쉬운뜻 *깨끗이 정리되어 가지런한

· a **neat** desk
정돈된 책상

· I always keep my room **neat**.
나는 항상 방을 **정돈된** 상태로 유지한다.

---

295 fix

[fiks]

fixed – fixed

동 1. ~을 수리하다, 고치다   2. 고정시키다

· Can you **fix** my bike?
제 자전거를 **수리해** 주실래요?

· He **fixed** a mirror to the wall.
그는 벽에 거울을 **고정시켰다**.

296 trash
[træʃ]

명 쓰레기

• I will take out the **trash**.
내가 **쓰레기**를 밖에 내놓을게.

297 housework
[haʊswərk]

명 집안일

• My family does **housework** together.
우리 가족은 함께 **집안일**을 한다.

교과서 빈출 표현

298 throw away

threw – thrown

(더 이상 필요 없는 것을) 버리다

• I **threw away** my old toys.
나는 내 오래된 장난감을 **버렸다**.

299 do the dishes

did – done

설거지를 하다

• She **is doing the dishes**.
그녀는 **설거지를 하고 있다**.

300 make the bed

made – made

잠자리를 정돈하다, 이불을 개다

• I **make the bed** every morning.
나는 매일 아침 **이불을 갠다**.

VOCA Exercise

정답 p.291

A 빈칸에 알맞은 말을 넣어 어구를 완성하세요.

1 정돈된 방   a _____ room

2 깨끗한 셔츠   a _____ shirt

3 시계를 수리하다   _____ a watch

4 종이를 반으로 접다   _____ the paper in half

5 닭고기 수프 요리법   a _____ for chicken soup

B <보기>에서 알맞은 단어를 골라 문장을 완성하세요.

<보기> mix	bake	water

1 She can _____ cookies.

2 Can you _____ the plants?

3 Use the cake _____. It's easier.

C 주어진 우리말에 맞게 빈칸에 알맞은 단어를 채워 문장을 완성하세요.

1 나는 요리사가 되고 싶다.

→ I want to be a _____.

2 의자 위에 먼지가 많다.

→ There is a lot of _____ on the chair.

3 오래된 책들을 버리지 마라.

→ Don't _____ _____ the old books.

4 나는 저녁 식사 후에 설거지를 할 것이다.

→ I'll _____ _____ _____ after

dinner.

A 주어진 단어를 각각 빈칸에 채워 문장을 완성하세요.

088 She _____ the meat in the _____ . (pan, fried)

089 When you _____ , turn on the _____ . (fan, cook)

090 _____ one _____ of honey to the tea. (spoon, add)

091 _____ the paints with a _____ . (brush, mix)

B <보기>에서 알맞은 단어를 골라 문장을 완성하세요.

<보기>	washed	fixed	trash	neat
	dishes	set	frame	forks
	throw away	clean		

092 Can you _____ _____ the _____ ?

093 _____ the table with _____ and knives.

094 _____ your room and keep everything _____ .

095 There were _____ in the sink, so I _____ them.

096 He _____ the picture _____ to the wall.

C 주어진 우리말에 맞게 다음 빈칸에 알맞은 단어를 쓰세요. (필요시 형태 바꿀 것)

097 _____ everything in the _____ .

그 볼 안에 있는 모든 것을 섞어라.

098 The soup in the _____ started to _____ .

냄비 안의 수프가 끓기 시작했다.

099 She _____ the old guitar _____ .

그녀는 오래된 기타 케이스의 먼지를 털었다.

100 I looked in the _____ and _____ my hair.

나는 거울을 보고 머리를 빗었다.

101 Every day, I _____ the bed and _____ the plants.

매일 나는 침대를 정리하고 식물에 물을 준다.

102 We _____ the house and do other _____ every Sunday.

우리는 일요일마다 집을 청소하고 다른 집안일을 한다.

103 Can you _____ the laundry? I'll do the _____ .

빨래 좀 접어 줄래요? 제가 설거지를 할게요.

104 The _____ says to _____ it for 10 minutes.

그 조리법에는 그것을 10분 동안 오븐에 구우라고 쓰여 있다.

Preview Check

DAY 16

동네, 장소

- [ ] place
- [ ] park
- [ ] bank
- [ ] bakery
- [ ] library
- [ ] market
- [ ] store
- [ ] bookstore
- [ ] restaurant
- [ ] theater
- [ ] city
- [ ] village
- [ ] building
- [ ] street
- [ ] way
- [ ] sign
- [ ] corner
- [ ] block
- [ ] bridge
- [ ] look for

동네, 장소

301 **place**
[pleis]

명 장소, 곳

· The **place** is perfect for a picnic.
그 **장소**는 소풍하기에 완벽하다.

· This **place** looks amazing.
이**곳**은 굉장해 보인다.

302 **park**
[pɑːrk]
parked – parked

명 공원 동 주차하다

· Let's take a walk in the **park**.
공원에서 산책하자.

· You can't **park** here.
여기에 **주차할** 수 없습니다.

303 **bank**
[bæŋk]

명 은행

· The **bank** closes at 4 p.m.
그 **은행**은 오후 4시에 문을 닫는다.

· I save my money in the **bank**.
나는 내 돈을 **은행**에 저축한다.

304 **bakery**
[béikəri]

명 빵집, 제과점

· The **bakery** sells delicious cookies.
그 **제과점**은 맛있는 쿠키를 판다.

305 **library**
[láibrèri]

명 도서관

· Be quiet in the **library**.
도서관에서는 조용히 해.

306 **market**
[máːrkit]

⑲ 시장

· We bought vegetables at the **market**.
우리는 **시장**에서 채소를 샀다.

➕ **supermarket** ⑲ 슈퍼마켓

---

307 **store**
[stɔːr]

⑲ 상점, 가게

· a shoe **store**
신발 **가게**

· The **store** is open until 8 p.m.
그 **가게**는 오후 8시까지 연다.

---

308 **bookstore**
[búkstɔ̀ːr]

⑲ 서점

· I bought some books at the **bookstore**.
나는 **서점**에서 책을 몇 권 샀다.

---

309 **restaurant**
[réstərənt]

⑲ 식당, 레스토랑

· an Italian **restaurant**
이탈리아 **식당**

· The **restaurant** has great service.
그 **레스토랑**은 훌륭한 서비스를 갖고 있다.

---

310 **theater**
[θí(ː)ətər]

⑲ 영화관, 극장

· We watched a movie at the **theater**.
우리는 **영화관**에서 영화를 봤다.

· The movie will **be in theaters** next week.
그 영화는 다음 주에 **개봉할** 것이다.

➕ **be in theaters** 개봉하다, 상영하다

311 city
[síti]

명 도시, 시

· We live in a big **city**.
우리는 대**도시**에 산다.

· He moved to New York **City**.
그는 뉴욕**시**로 이사했다.

➕ city hall 명 시청

---

312 village
[vílidʒ]

명 마을

· He was born in a small **village**.
그는 작은 **마을**에서 태어났다.

---

313 building
[bíldiŋ]

명 건물

· There are many tall **buildings** in the city.
그 도시에는 높은 **건물들**이 많다.

---

314 street
[striːt]

명 거리, 길

· I saw Sarah across the **street**.
나는 **길** 건너에서 사라를 봤다.

---

315 way
[wei]

명 1. 길 2. 방법

· Can you show me the **way** to the station?
역으로 가는 **길**을 알려주시겠어요?

· in the same **way**
같은 **방법**으로

🔄 비교 **Point** street vs. way

street은 양쪽에 집이나 가게가 있는 도시의 거리 또는 큰길을 의미해요.

· Go along this **street**. 이 길을 따라가세요.

· The library is on this **street**. 도서관은 이 **거리**에 있어요.

way는 어떤 특정 장소를 가기 위한 길이나 방법을 의미해요.

· I'm on my **way** home. 나는 집으로 가는 **길**에 있어[가는 중이야].

316 **sign**
[sain]

명 1. 표지(판), 간판   2. 징조*

(유의뜻) *어떤 일이 생길 분위기

· The **sign** says, "Danger."
표지판에는 '위험'이라고 쓰여 있다.

· **signs** of change
변화의 조짐

---

317 **corner**
[kɔ́ːrnər]

명 1. 모퉁이, 모서리   2. (방, 상자의) 구석

· Turn right at the **corner**.
모퉁이에서 오른쪽으로 도세요.

· He sat in the **corner**.
그는 구석에 앉아 있었다.

---

318 **block**
[blɑk]

명 구역, 블록*

(유의뜻) *도시의 큰 길거리 기준으로 작은 단위로 나누어진 구역

· Go straight two **blocks**, and turn left.
두 블록 직진하고 왼쪽으로 도세요.

---

319 **bridge**
[bridʒ]

명 다리

· Cross the **bridge** over the river.
강 위에 있는 다리를 건너세요.

교과서 빈출 표현

320 **look for**

looked – looked

~을 찾다

· I'm **looking for** the bus stop.
저는 버스 정류장을 찾고 있어요.

· Is she **looking for** a job?
그녀는 일자리를 찾고 있나요?

VOCA Exercise

정답 p.292

A 빈칸에 알맞은 말을 넣어 어구를 완성하세요.

1 옷 가게   a clothing _____

2 도로 표지판   a road _____

3 조용한 마을   a quiet _____

4 길거리 시장   a street _____

5 은행으로 가는 길   the _____ to the bank

B <보기>에서 알맞은 단어를 골라 문장을 완성하세요.

<보기>	corner	street	park

1 We had a picnic in the _____ .

2 Cross the _____ first, and go straight.

3 Turn left at the _____ and you'll see the bakery.

C 주어진 우리말에 맞게 빈칸에 알맞은 단어를 채워 문장을 완성하세요.

1 이 장소의 이름은 무엇인가요?

    → What's the name of this _____ ?

2 그녀는 도시에 살고 싶어 한다.

    → She wants to live in a _____ .

3 그 다리는 두 도시들을 연결한다.

    → The _____ connects two cities.

4 우리는 근사한 식당에서 저녁을 먹었다.

    → We had dinner at a nice _____ .

DAY

17

교통수단

- [ ] bicycle
- [ ] boat
- [ ] ship
- [ ] truck
- [ ] road
- [ ] drive
- [ ] ride
- [ ] train
- [ ] subway
- [ ] station
- [ ] airplane
- [ ] fly
- [ ] stop
- [ ] wait
- [ ] miss
- [ ] cross
- [ ] motorcycle
- [ ] helicopter
- [ ] on foot
- [ ] by bus

DAY 17 교통수단

321 bicycle
[báisikl]

명 자전거 (= bike)

· I put a lock on my **bicycle**.
나는 내 **자전거**에 자물쇠를 채웠다.

322 boat
[bout]

명 배

· We went fishing on a **boat**.
우리는 **배**를 타고 낚시하러 갔다.

323 ship
[ʃip]
shipped – shipped

명 (큰) 배, 선박
동 실어 나르다, 수송하다*

쉬운뜻 *운송 수단으로 사람이나 물건을 실어 옮기다

· The **ship** sailed across the ocean.
그 **배**는 바다를 건너 항해했다.

· They **ship** cars all over the world.
그들은 전 세계로 차를 **수송한다**.

324 truck
[trʌk]

명 트럭

· a moving **truck**
이삿짐 **트럭**

· There were food **trucks** at the festival.
축제에는 푸드 **트럭들**이 있었다.

325 road
[roud]

명 도로

· There are many cars on the **road**.
도로에는 차들이 많다.

326 **drive**
[draiv]
drove – driven

동 운전하다

· Don't **drive** fast.
빨리 **운전하지** 마라.

327 **ride**
[raid]
rode – ridden

동 (탈 것을) 타다 명 타기

· He **rides** a bike for a hobby.
그는 취미로 자전거를 **탄다.**

· Dad **gave** me **a ride** to school.
아빠가 나를 학교까지 **태워주었다.**

➕ **give a ride** 태워주다, 차로 데려다주다

328 **train**
[trein]

명 기차, 열차

· a(n) direct/express **train**
직행/급행**열차**

· I need to catch the **train**.
저는 그 **기차**를 타야 해요.

329 **subway**
[sʌ́bwèi]

명 지하철

· Many people take the **subway** to work.
많은 사람들은 출근할 때 **지하철**을 탄다.

· Take the **subway** line 2.
지하철 2호선을 타세요.

330 **station**
[stéiʃən]

명 역, 정거장

· a subway **station**
지하철**역**

· Get off at the next **station**.
다음 **역**에서 내려라.

331 airplane
[ɛ́ərplèin]

몡 비행기

· The **airplane** will arrive an hour late.
그 **비행기**는 한 시간 늦게 도착할 것이다.

---

332 fly
[flai]
flew – flown

됭 1. (새, 곤충이) 날다　2. (비행기로) 가다

· Penguins can't **fly**.
펭귄은 **날 수 없다**.

· We **flew** to Vietnam for vacation.
우리는 휴가 때 베트남으로 **갔다**.

---

333 stop
[stɑp]
stopped – stopped

됭 멈추다, 그만하다　몡 1. 멈춤, 중단　2. 정류장

· The car **stopped** at the red light.
그 차는 빨간불에 **멈췄다**.

· The train came to a **stop**.
그 기차는 **멈춰** 섰다.

· Let's meet at the bus **stop**.
버스 **정류장**에서 만나자.

---

334 wait
[weit]
waited – waited

됭 기다리다

· I will **wait** here.
여기서 **기다릴게**.

· A boy **is waiting** for the bus.
남자아이는 버스를 **기다리고 있다**.

➕ wait for ~을 기다리다

---

335 miss
[mis]
missed – missed

됭 1. 놓치다　2. 그리워하다

· I just **missed** the bus.
나는 방금 버스를 **놓쳤다**.

· I **miss** my grandfather.
나는 할아버지가 **그리워**.

336 **cross**
[krɔ(ː)s]
crossed – crossed

동 (가로질러) 건너다, 횡단하다
• Be careful when you **cross** the street.
길을 **건널** 때 조심해라.

---

337 **motorcycle**
[móutərsàikl]

명 오토바이
• You must wear a helmet on a **motorcycle**.
오토바이를 탈 때 헬멧을 반드시 착용해야 한다.

---

338 **helicopter**
[héləkàptər]

명 헬리콥터
• a **helicopter** pilot
헬리콥터 조종사

교과서 빈출 표현

339 **on foot**

걸어서, 도보로
• I go to school **on foot**.
나는 **걸어서** 학교에 간다.

---

340 **by bus**

버스로, 버스를 타고
• We went to the museum **by bus**.
우리는 **버스를 타고** 박물관에 갔다.

More <by+교통수단> vs. <take+교통수단>

어떤 교통수단을 이용한다는 것을 표현할 때, 전치사 by와 동사 take를 사용해요. 비슷한 의미이지만
<by+교통수단>은 교통수단 앞에 a/an, the와 같은 관사를 사용하지 않아요.
• I go to school **by bus**. 나는 버스로 학교에 다닌다.
• I **take the bus** to school. 나는 학교로 **버스를 탄다**[버스를 타고 등교한다].

VOCA Exercise

A 빈칸에 알맞은 말을 넣어 어구를 완성하세요.

1 차를 운전하다   _____ a car

2 혼잡한 도로   a busy _____

3 기차를 타다   take the _____

4 다리를 건너다   _____ the bridge

5 배달용 트럭   a delivery _____

B 빈칸에 알맞은 형태를 쓰세요.

1 fly   - (과거형) _____   - (과거분사형) _____

2 ship   - (과거형) _____   - (과거분사형) _____

3 ride   - (과거형) _____   - (과거분사형) _____

4 stop   - (과거형) _____   - (과거분사형) _____

C 주어진 우리말에 맞게 빈칸에 알맞은 단어를 채워 문장을 완성하세요.

1 그녀는 자전거를 타고 있다.

→ She is riding a _____ .

2 5분만 기다려 줄래?

→ Can you _____ for five minutes?

3 우리는 지하철역에서 만날 것이다.

→ We will meet at the _____ station.

4 우리는 걸어서 도서관에 갔다.

→ We went to the library _____ _____ .

1001 Sentences

Review

정답 p.292

A 주어진 단어를 각각 빈칸에 채워 문장을 완성하세요.

105 This _____ is not for _____. (parking, place)

106 Let's _____ a _____ to the park. (bicycle, ride)

107 The _____ is around the _____. (corner, market)

108 The _____ can't drive on this _____. (bridge, truck)

B <보기>에서 알맞은 단어를 골라 문장을 완성하세요.

<보기>	bookstore	flew	street	restaurants
	drive	village	signs	looking

109 When you _____, check the road _____.

110 There are many _____ on this _____.

111 I'm _____ for a _____ nearby.

112 He _____ to Europe and stayed in a small _____.

주어진 우리말에 맞게 다음 빈칸에 알맞은 단어를 쓰세요. (필요시 형태 바꿀 것)

113 Mom gave me a _____ to the _____.

엄마는 도서관까지 나를 태워주셨다.

114 This _____ means, "The _____ ends here."

이 표지판은 '도로가 여기서 끝난다'라는 의미이다.

115 Taking the _____ is fast and easy in the _____.

도시에서는 지하철을 타는 것이 빠르고 쉽다.

116 The _____ to Busan is now arriving at the

_____.

부산행 열차가 지금 역에 도착하고 있습니다.

117 The _____ is a nice _____ to spend an

afternoon.

그 공원은 오후를 보내기에 좋은 장소이다.

118 The _____ is on the top floor of the _____.

영화관은 건물 맨 위층에 있다.

119 Go along this _____ and turn left at the _____.

이 길을 따라가서 모퉁이에서 왼쪽으로 도세요.

120 I just _____ the bus. I have to _____ for the

next one.

나 방금 버스를 놓쳤어. 다음 버스를 기다려야 해.

121 Can you show me the _____ to the nearest bus

_____?

가장 가까운 버스 정류장으로 가는 길 좀 알려주실래요?

DAY

18

모양, 상태 I

- ☐ short
- ☐ long
- ☐ wide
- ☐ hard
- ☐ soft
- ☐ light
- ☐ heavy
- ☐ medium
- ☐ large
- ☐ huge
- ☐ thick
- ☐ thin
- ☐ thing
- ☐ hole
- ☐ line
- ☐ shape
- ☐ heart
- ☐ circle
- ☐ round
- ☐ (a) part of

341 **short**
[ʃɔːrt]

[형] 1. 짧은   2. 키가 작은
- She has **short** black hair.
  그녀는 **짧은** 검은 머리를 가지고 있다.
- The boy is **short**.
  그 남자아이는 **키가 작다**.

342 **long**
[lɔ(ː)ŋ]

[형] 1. 긴, 오랜   2. 길이가 ~인
- We waited a **long** time for the bus.
  우리는 버스를 **오랜** 시간 기다렸다.
- The snake is 1 m **long**.
  그 뱀은 **길이가 1m이다**.

343 **wide**
[waid]

[형] 1. 넓은   2. 폭이 ~인
- The road is very **wide**.
  그 도로는 매우 **넓다**.
- The door is 1 m **wide**.
  그 문은 **폭이 1m이다**.

344 **hard**
[hɑːrd]

[형] 1. 힘든, 어려운   2. 단단한, 굳은   [부] 열심히
- The test was too **hard** for me.
  그 시험은 나에게 너무 **어려웠다**.
- The bread turned dry and **hard**.
  그 빵은 마르고 **단단해졌다**.
- He works really **hard**.
  그는 정말 **열심히** 일한다.

345 **soft**
[sɔ(ː)ft]

[형] 부드러운, 푹신한
- The ice cream is very **soft**.
  그 아이스크림은 매우 **부드럽다**.
- ➕ softly [부] 부드럽게

346 **light**
[lait]

몡 빛, 등   혱 가벼운

• **Light** from the sun is very strong.
태양으로부터 나오는 **빛**은 매우 강하다.

• The bag is **light**.
그 가방은 **가볍다**.

347 **heavy**
[hévi]

혱 무거운

• Can you help me with the **heavy** box?
무거운 상자 드는 것 좀 도와줄래?

348 **medium**
[míːdiəm]

혱 중간의

• Do you have this hat in a **medium** size?
이 모자의 **중간** 사이즈가 있나요?

349 **large**
[lɑːrdʒ]

혱 큰 (= big)

• He lives in a **large** house.
그는 **큰** 집에서 산다.

↔ small 혱 작은

350 **huge**
[hjuːdʒ]

혱 큰, 거대한

• What a **huge** whale!
정말 **거대한** 고래구나!

• This is a **huge** problem.
이것은 **큰** 문제이다.

🔂 **비교 Point** large vs. huge

large는 보통 사이즈나 치수를 잴 수 있는 옷, 용량, 크기, 공간 등에 사용해요.

• **large** pizza 큰[라지] 피자   • **large** room 큰 방

huge는 large나 big보다 더 부피가 크거나 정도가 심함을 강조할 때 사용해요.

• **huge** ship 큰 배   • **huge** success 큰 성공

351 **thick**
[θik]

형 두꺼운, 두툼한

- She is wearing a **thick** coat.
  그녀는 **두꺼운** 코트를 입고 있다.

352 **thin**
[θin]

형 1. 얇은   2. 마른

- Do not walk on the **thin** ice.
  얇은 얼음[살얼음판] 위를 걷지 마.
- The man is tall and **thin**.
  그 남자는 키가 크고 **말랐다**.

353 **thing**
[θiŋ]

명 물건, 사물, 것

- Those **things** are mine.
  저 **물건들**은 내 것이다.
- She has many **things** in her bag.
  그녀는 가방 안에 많은 **것들**을 가지고 있다.

354 **hole**
[houl]

명 구멍, 구덩이

- There is a small **hole** in my sock.
  내 양말에 작은 **구멍**이 나 있다.

355 **line**
[lain]

명 선, 줄

- Please wait in **line**.
  줄을 지어 기다려 주세요.
- Draw a **line** from A to B.
  A에서 B까지 선을 그어라.

356 **shape**
[ʃeip]

명 모양, 형태

- a star **shape**
  별 **모양**
- The dish is **in the shape of** a flower.
  그 접시는 꽃 **모양이다**.
- ➕ **in the shape of** ~의 모양인

357 **heart**
[hɑːrt]

명 1. 하트   2. 마음   3. 심장

- I drew a red **heart**.
나는 빨간 **하트**를 그렸다.

- She has a big **heart**.
그녀는 **마음**이 너그럽다.

- Running is good for your **heart**.
달리기는 **심장**에 좋다.

---

358 **circle**
[sə́ːrkl]
circled – circled

명 원, 동그라미   동 동그라미를 그리다

- We sat in a **circle**.
우리는 **원형**으로 앉았다.

- The students **circled** the right answers.
학생들은 정답에 **동그라미를 쳤다**.

---

359 **round**
[raund]

형 둥근, 원형의

- The **round** mirror is on the wall.
둥근 거울이 벽에 걸려 있다.

교과서 빈출 표현

360 **(a) part of**

~의 일부[부분]

- We spent **part of** the time in Paris.
우리는 그 시간 중 **일부**를 파리에서 보냈다.

- I'm proud to be **a part of** the team.
나는 팀**의 부분**[일원]인 것이 자랑스럽다.

➕ part 명 일부, 부분

VOCA Exercise

정답 p.292

A 빈칸에 알맞은 말을 넣어 어구를 완성하세요.

1 긴 다리   _____ legs

2 거대한 산   a _____ mountain

3 둥근 연못   a _____ pond

4 두꺼운 책   a _____ book

5 넓은 강   a _____ river

B 빈칸 (a)와 (b)에 공통으로 들어갈 단어를 쓰세요.

1 (a) He is not _____ for his age.   그는 나이에 비해 키가 작지 않다.

   (b) She is wearing a _____ skirt.   그녀는 짧은 치마를 입고 있다.

2 (a) I will study _____.   나는 열심히 공부할 것이다.

   (b) The book was _____ to read.   그 책은 읽기 어려웠다.

C 밑줄 친 부분을 유의하여 우리말 해석을 완성하세요.

1 This jacket is light.

   → 이 재킷은 _____.

2 The baby's skin is very soft.

   → 그 아기의 피부는 매우 _____.

3 She is carrying a heavy bag.

   → 그녀는 _____ 가방을 메고 있다.

4 Draw a circle on your paper.

   → 종이에 _____을(를) 하나 그려라.

DAY
19

모양, 상태 II

- [ ] open
- [ ] close
- [ ] same
- [ ] different
- [ ] bright
- [ ] dark
- [ ] fine
- [ ] wet
- [ ] dry
- [ ] deep
- [ ] dirty
- [ ] new
- [ ] fresh
- [ ] real
- [ ] safe
- [ ] dangerous
- [ ] type
- [ ] color
- [ ] colorful
- [ ] kind of

모양, 상태 Ⅱ

---

361 open
[óupən]
opened – opened

형 열린 동 열다

- The store is **open**.
  그 상점은 문을 **열었다**.

- **Open** the door.
  문을 **열어라**.

---

362 close
형용사·부사 [klous]
동사 [klouz]
closed – closed

형 가까운 부 가까이 동 닫다

- The school is **close** to my house.
  학교는 내 집에서 **가깝다**.

- We sat **close** together.
  우리는 서로 **가까이** 앉아있었다.

- Please **close** the window.
  창문을 **닫아주세요**.

---

363 same
[seim]

형 같은, 동일한

- We are in the **same** class.
  우리는 **같은** 반에 있다.

- The two pictures look the **same**.
  그 두 그림은 **똑같아** 보인다.

---

364 different
[dífərənt]

형 1. 다른 2. 여러 가지의

- His opinion is **different** from mine.
  그의 생각은 내 생각과 **다르다**.

- There are **different** colors of roses.
  여러 가지 색깔의 장미가 있다.

➕ **different from** ~와 다른

---

365 **bright**
[brait]

형 밝은   부 밝게, 환히 (= brightly)

- **bright** sunlight
  밝은 햇살

- The moon is shining **bright**.
  달이 **밝게** 빛나고 있다.

---

366 **dark**
[daːrk]

형 1. 어두운   2. 진한   명 어둠, 암흑

- It is getting **dark**.
  점점 **어두워**지고 있다.

- She has **dark** brown hair.
  그녀는 **진한** 갈색의 머리를 가졌다.

- He is afraid of the **dark**.
  그는 **어둠**을 무서워한다.

---

367 **fine**
[fain]

형 1. 멋진, 좋은   2. (사람이) 건강한, 기분 좋은

- We had a **fine** meal.
  우리는 **멋진**[근사한] 식사를 했다.

- A: How are you?
  B: **Fine**, thanks.
  A: 잘 지내세요?
  B: **좋아요**, 고마워요.

---

368 **wet**
[wet]

형 젖은, 축축한

- My clothes are still **wet**.
  내 옷은 아직도 **축축하다**.

- She fell on the **wet** floor.
  그녀는 **젖은** 바닥에 넘어졌다.

---

369 **dry**
[drai]

형 마른, 건조한

- a **dry** towel
  마른 수건

- My shirt is not **dry** yet.
  내 셔츠는 아직 **마르지** 않았다.

370 deep
[diːp]

형 1. 깊은　2. 깊이가 ~인　부 깊이, 깊은 곳으로

- **deep** sea
  깊은 바다[심해]
- The pool is 1.5 m **deep**.
  그 수영장은 **깊이가** 1.5m이다.
- They went **deep** into the forest.
  그들은 숲속 **깊이** 들어갔다.

371 dirty
[dɔ́ːrti]

형 더러운, 지저분한

- I need to wash the **dirty** clothes.
  나는 **더러운** 옷을 세탁해야 한다.

372 new
[njuː]

형 새로운

- I got **new** shoes for my birthday.
  나는 생일에 **새** 신발을 받았다.

373 fresh
[freʃ]

형 1. 신선한, 상쾌한　2. 새로운, 참신한*　쉬운뜻 *새롭고 신선한

- I bought some **fresh** fruit.
  나는 **신선한** 과일을 좀 샀다.
- We need a **fresh** idea.
  우리는 **참신한** 아이디어가 필요해.

374 real
[ríːəl]

형 진짜의, 실제의

- This diamond is **real**.
  이 다이아몬드는 **진짜**다.
- a **real** story
  실제 이야기[실화]

➕ really 부 아주, 정말로

375 safe
[seif]

형 안전한　명 금고

- I put my ring in a **safe** place.
  나는 내 반지를 **안전한** 장소에 뒀다.
- She keeps her money in a **safe**.
  그녀는 돈을 **금고**에 보관한다.

376 dangerous
[déindʒərəs]

형 위험한

· Do not enter. It's **dangerous**.
들어가지 마세요. 그곳은 **위험합니다**.

377 type
[taip]

명 유형, 종류 (= kind)

· What **type** of movie do you enjoy?
너는 어떤 **유형**의 영화를 즐겨보니?

378 color
[kʌ́lər]

명 색깔, 빛깔

· My favorite **color** is red.
내가 가장 좋아하는 **색깔**은 빨간색이다.

379 colorful
[kʌ́lərfəl]

형 형형색색의*, 다채로운   위쿠뜻 *모양이나 빛깔이 여러 가지의

· The garden has many **colorful** flowers.
그 정원에는 많은 **형형색색의** 꽃들이 있다.

Voca Plus 여러 가지 색상

· **blue** 파란(색)
· **pink** 분홍(색)
· **brown** 갈색(의)
· **red** 빨간(색)
· **gray** 회(색)의
· **yellow** 노란(색)

교과서 빈출 표현

380 kind of

~의 종류, 유형

· Jazz is a **kind of** music.
재즈는 음악**의** 한 **종류**이다.

· A: What **kind of** food do you like?
B: I like Italian food.
A: 너는 어떤 **종류의** 음식을 좋아하니?
B: 나는 이탈리안 음식을 좋아해.

VOCA Exercise

정답 p.292

A 빈칸에 알맞은 말을 넣어 어구를 완성하세요.

1 젖은 잔디 _____ grass

2 더러운 손 _____ hands

3 금고를 잠그다 lock a _____

4 창문을 열다 _____ the window

5 위험한 도로 a _____ road

B <보기>에서 알맞은 단어를 골라 문장을 완성하세요.

> <보기> kinds   fresh   close

1 Eat _____ fruit and vegetables.

2 Can you _____ the door?

3 The library has many _____ of books.

C 주어진 우리말에 맞게 빈칸에 알맞은 단어를 채워 문장을 완성하세요.

1 그 강은 매우 깊다.

  → The river is very _____.

2 그 책은 다채로운 그림들이 있다.

  → The book has _____ pictures.

3 나는 어둠 속에서 아무것도 볼 수 없다.

  → I can't see anything in the _____.

4 여기에 여러 가지 종류의 꽃들이 있다.

  → There are _____ types of flowers here.

A 주어진 단어를 각각 빈칸에 채워 문장을 완성하세요.

`122` The table has a _____ _____. (shape, round)

`123` There is a _____ _____ for the bus. (line, long)

`124` We like _____ _____ of music. (kinds, different)

`125` _____ the window for some _____ air. (open, fresh)

B <보기>에서 알맞은 단어를 골라 문장을 완성하세요.

<보기>	dark	different	heavy	same
	hole	color	deep	types
	things	light		

`126` There was a _____ _____ in the ground.

`127` Be careful when you lift _____ _____.

`128` Her hair is the _____ _____ as mine.

`129` The store sells _____ _____ of shoes.

`130` It's _____ in here. Can you turn on the _____?

C 주어진 우리말에 맞게 다음 빈칸에 알맞은 단어를 쓰세요.

131 My _____ coat is warm and _____.

내 새 외투는 따뜻하고 가볍다.

132 The bridge is _____ and _____ to drive.

그 다리는 운전하기에 넓고 안전하다.

133 The cake was in the _____ of a _____.

그 케이크는 하트 모양이었다.

134 The last _____ of the puzzle was _____.

그 퍼즐의 마지막 부분은 어려웠다.

135 My shoes got _____ and _____ in the rain.

내 신발은 빗속에서 젖고 더러워졌다.

136 Do not look at any _____ _____ directly.

밝은 빛을 직접 보지 마세요.

137 We ordered a _____ pizza with a _____ crust.

우리는 얇은 크러스트가 있는 큰[라지] 크기의 피자를 주문했다.

138 She put _____ vegetables in a _____ bowl.

그녀는 신선한 채소들을 중간 크기의 그릇에 담았다.

139 The _____ flowers in the painting look so

_____.

그 그림 속 형형색색의 꽃들은 정말 진짜처럼 보인다.

DAY

20

수, 양, 빈도

- [ ] number
- [ ] hundred
- [ ] all
- [ ] every
- [ ] some
- [ ] only
- [ ] another
- [ ] enough
- [ ] both
- [ ] piece
- [ ] always
- [ ] usually
- [ ] often
- [ ] sometimes
- [ ] never
- [ ] empty
- [ ] nothing
- [ ] a lot of
- [ ] a little
- [ ] a few

수, 양, 빈도

---

381 **number**
[nʌ́mbər]

명 1. 수, 숫자   2. 번호

- **number** 11
  숫자 11
- What's your phone **number**?
  너의 전화**번호**는 무엇이니?

---

382 **hundred**
[hʌ́ndrəd]

명 백, 100

- two **hundred**
  이**백**[200]
- It costs one **hundred** dollars.
  그것은 비용이 **100**달러이다.

---

383 **all**
[ɔːl]

형 모든, 전체의   대 모든 것

- I like **all** kinds of desserts.
  나는 **모든** 종류의 디저트를 좋아한다.
- He answered **all** of the questions.
  그는 **모든** 질문에 대답했다.

---

384 **every**
[évri]

형 1. 모든   2. 매~ , ~마다

- **Every** student likes the teacher.
  모든 학생은 그 선생님을 좋아한다.
- I take a shower **every day**.
  나는 **매일** 샤워를 한다.

➕ every day 매일

🔁 **비교 Point** all vs. every

all 뒤에는 복수 명사가 와요.

- I like **all** kinds of movies. 나는 **모든** 종류의 영화를 좋아한다.
       복수 명사

every 뒤에 단수 명사가 오면 단수 취급하기 때문에 단수형 동사가 와야 해요.

- **Every** person is different. **모든** 사람은 다르다.
       단수 명사 단수형 동사

---

385 **some**

[sʌm]

형 약간, 조금의

· Would you like **some** help?
좀 도와드릴까요?

· I bought **some** notebooks.
나는 공책을 **조금** 샀다.

---

386 **only**

[óunli]

형 유일한　부 오직, 단지

· I was the **only** girl in the room.
나는 그 방에서 **유일한** 여자였다.

· He can **only** speak English.
그는 **오직** 영어만 할 수 있다.

---

387 **another**

[ənʌ́ðər]

형 1. 또 하나의　2. 다른

· I will have **another** glass of juice.
저 주스 **한** 잔 **더** 마실게요.

· Let's talk about it **another** time.
그것에 대해 **다른** 시간에 얘기하자.

---

388 **enough**

[inʌ́f]

형 충분한　부 충분히

· We have **enough** time for breakfast.
우리는 아침 먹을 **충분한** 시간이 있어.

· These pants are large **enough**.
이 바지는 **충분히** 크다.

---

389 **both**

[bouθ]

형 양쪽의, 둘 다의　대 양쪽 둘 다

· **Both** my parents were born in Seoul.
내 부모님 **두 분 모두** 서울에서 태어나셨다.

· **Both** of us are excited about the party.
우리 **둘 다** 그 파티 때문에 들떠있다.

More 형용사 both 뒤에는 복수형 명사나 and로 연결된 두 개의 대상이 오며, 항상 복수로 취급해요.

· **Both** the men were tall.　그 남자 **둘 다** 키가 컸다.
　　　　복수형 명사

· **Both** James **and** Kate enjoy swimming.　제임스와 케이트는 **둘 다** 수영하는 것을 즐긴다.
　　　　복수형 동사

390 piece
[piːs]

몡 조각, 일부분

· a **piece** of cake
케이크 한 **조각**

· This is the last **piece** of the puzzle.
이것이 퍼즐의 마지막 **조각**이다.

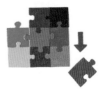

---

391 always
[ɔ́ːlweiz]

悍 언제나, 항상

· She **always** gets up at 7 a.m.
그녀는 **항상** 아침 7시에 일어난다.

---

392 usually
[júːʒuəli]

悍 보통, 대개

· I **usually** do homework before dinner.
나는 **보통** 저녁 식사 전에 숙제한다.

---

393 often
[ɔ́(ː)fən]

悍 흔히, 자주

· She is **often** late for class.
그녀는 수업에 **자주** 지각한다.

---

394 sometimes
[sʌ́mtàimz]

悍 가끔, 때때로

· My grandfather **sometimes** visits us.
할아버지께서는 **때때로** 우리 집을 방문하신다.

---

395 never
[névər]

悍 결코 ~않다

· She **never** watches scary movies.
그녀는 **결코** 공포영화를 보지 **않는다**.

More 빈도부사는 어떤 일이 얼마나 자주 일어나는지를 나타내요.

일이 일어나는 빈도는 아래와 같은 순서로 나타내요.

| **always** | > | **usually** | > | **often** | > | **sometimes** | > | **never** |
| (100%) | | (90%) | | (70%) | | (50%) | | (0%) |

빈도부사는 주로 조동사, be동사 뒤, 일반동사 앞에 위치해요.
· He will **never** change his mind. 그는 **결코** 마음을 바꾸지 **않을** 것이다.
· She is **always** quiet in class. 그녀는 **항상** 수업 시간에 조용하다.
· I **often** study in the library. 나는 **자주** 도서관에서 공부한다.

396 empty
[émpti]

형 비어 있는, 빈

- an **empty** bottle
  빈 병

- There is an **empty** seat over there.
  저쪽에 **빈**자리가 하나 있다.

➕ full 형 가득 찬

---

397 nothing
[nʌ́θiŋ]

대 아무것도 ~ 아니다[없다]

- There is **nothing** in the box.
  상자 안에는 **아무것도 없다.**

교과서 빈출 표현

398 a lot of

많은, 다수의 (= many, much)

- He has **a lot of** friends.
  그는 **많은** 친구가 있다.

- I have **a lot of** homework.
  나는 숙제가 **많다.**

➕ a lot 많이

---

399 a little

(양이) 약간의, 조금의

- Add **a little** butter to the pan.
  팬에 **약간의** 버터를 추가하세요.

---

400 a few

(수가) 약간의, 몇몇의

- There are **a few** pencils on the desk.
  책상 위에는 연필 **몇** 자루가 있다.

🔔 **비교 Point** a little vs. a few

a little은 뒤에 셀 수 없는 단수 명사가 와요.

- **a little** water 약간의 물
- **a little** sugar 약간의 설탕
- **a little** rice 약간의 밥

a few는 뒤에 셀 수 있는 복수 명사가 와요.

- **a few** books 책 몇 권
- **a few** chairs 의자 몇 개
- **a few** friends 친구 몇 명

VOCA Exercise

A 빈칸에 알맞은 말을 넣어 어구를 완성하세요.

1 얼마나 자주   how _____

2 빈 상자   an _____ box

3 빵 한 조각   a _____ of bread

4 유일한 기회   the _____ chance

5 학생증 번호   a student's ID _____

B <보기>에서 알맞은 단어를 골라 문장을 완성하세요.

> <보기>   every   few   little

1 Can I ask a _____ questions?

2 The bus comes _____ ten minutes.

3 I have a _____ money for a snack.

C 주어진 우리말에 맞게 빈칸에 알맞은 단어를 채워 문장을 완성하세요.

1 나는 부모님께 결코 거짓말을 하지 않는다.

   → I _____ lie to my parents.

2 그들 둘 다 훌륭한 학생이다.

   → _____ of them are good students.

3 그는 자신의 친구들 모두를 초대했다.

   → He invited _____ of his friends.

4 그 테이블은 네 명이 쓰기에 충분히 크다.

   → The table is big _____ for four people.

DAY

21

시간, 순서

- ☐ date
- ☐ evening
- ☐ noon
- ☐ weekend
- ☐ month
- ☐ hour
- ☐ minute
- ☐ first
- ☐ second
- ☐ after
- ☐ before
- ☐ early
- ☐ next
- ☐ end
- ☐ finally
- ☐ soon
- ☐ still
- ☐ forever
- ☐ already
- ☐ all day (long)

---

401 **date**
[deit]

뗑 날짜

· What's the **date** today?
오늘 **날짜**는 무엇이니?

· Circle the **date**.
날짜에 동그라미를 쳐라.

---

402 **evening**
[íːvniŋ]

뗑 저녁, 밤

· He goes jogging in the **evening**.
그는 **저녁**에 조깅하러 간다.

➕ morning 뗑 아침
➕ night 뗑 밤

---

403 **noon**
[nuːn]

뗑 정오, 낮 12시

· Let's meet for lunch at **noon**.
점심 먹으러 **낮 12시**에 만나자.

➕ afternoon 뗑 오후

---

404 **weekend**
[wíːkènd]

뗑 주말

· How was your **weekend**?
주말 잘 보냈니?

· We go hiking on the **weekend**.
우리는 **주말**에 하이킹하러 간다.

➕ week 뗑 주, 일주일

---

405 **month**
[mʌnθ]

뗑 월, 달

· December is my favorite **month**.
12월은 내가 가장 좋아하는 **달**이다.

406 **hour**
[áuər]

명 시간

· She will be back in an **hour**.
그녀는 한 **시간** 후에 돌아올 것이다.

· lunch **hour**
점심시간

---

407 **minute**
[mínit]

명 1. (시간 단위) 분   2. 잠깐

· Boil the eggs for 7 **minutes**.
달걀을 7분 동안 삶으세요.

· Wait a **minute**.
잠깐 기다리세요.

---

408 **first**
[fə:rst]

형 첫 번째의   부 우선, 맨 먼저

· It's the **first** day of school.
오늘은 학교 **첫**날이다[개학이다].

· I finished **first** in the race.
나는 경주를 **맨 먼저** 마쳤다[1등 했다].

↔ last 형 마지막의 부 마지막으로

---

409 **second**
[sékənd]

형 두 번째의

명 1. (시간 단위) 초   2. 잠시, 순간

· He lives on the **second** floor.
그는 **두 번째** 층[2층]에 산다.

· I run 100 m in 13 **seconds**.
나는 100m를 13초 안에 뛴다.

· Can you hold my bag for a **second**?
내 가방을 **잠시** 동안[잠깐] 들어줄래?

---

410 **after**
[ǽftər]

전 ~ 이후에

· We take a walk **after** lunch.
우리는 점심 식사 **이후에** 산책한다.

· Let's meet **after** school.
방과 **후에** 만나자.

---

411 **before**
[bifɔ́ːr]

전 ~ 전에

- You need to come home **before** dinner.
  저녁 식사 **전에**는 집에 와야 한다.
- He left a note **before** leaving.
  그가 떠나기 **전에** 메모를 남겼다.

412 **early**
[ɔ́ːrli]

부 일찍

- I get up **early** in the morning.
  나는 아침 **일찍** 일어난다.
- I left class **early** today.
  나는 오늘 **일찍** 수업에서 나왔다[조퇴했다].

🔄 **late** 형 늦은 부 늦게

413 **next**
[nekst]

형 다음의

- Please read the **next** page.
  다음 페이지를 읽어주세요.
- I have a test **next** Monday.
  나는 **다음** 월요일에 시험이 있다.

414 **end**
[end]
ended – ended

명 끝 동 끝나다

- Some people cried at the **end** of the movie.
  몇몇 사람들은 영화 **끝**에 울었다.
- The class **ends** at about 4 p.m.
  수업은 대략 오후 4시쯤 **끝난다**.

415 **finally**
[fáinəli]

부 드디어, 마침내

- They **finally** got home from the trip.
  그들은 여행에서 **마침내** 집으로 돌아왔다.

416 soon
[suːn]

㉻ 곧, 머지않아

· I will call you back **soon**.
내가 **곧** 다시 전화할게.

417 still
[stil]

㉻ 아직도, 여전히

· The baby is **still** sleeping.
그 아기는 **아직도** 자고 있다.

418 forever
[fərévər]

㉻ 영원히

· We can't live **forever**.
우리는 **영원히** 살지 못한다.

419 already
[ɔːlrédi]

㉻ 이미, 벌써

· Sorry, I **already** have plans for tonight.
미안하지만 나는 오늘 밤 **이미** 계획이 있어.

교과서 빈출 표현

420 all day (long)

하루 종일, 온종일

· It rained **all day** yesterday.
어제는 **하루 종일** 비가 내렸다.

· We played in the pool **all day long**.
우리는 수영장에서 **하루 종일** 놀았다.

VOCA Exercise

정답 p.293

A 빈칸에 알맞은 말을 넣어 어구를 완성하세요.

1 7월   the _____ of July

2 다음 장   the _____ chapter

3 목요일 저녁에   on Thursday _____

4 회의 날짜   the _____ for the meeting

5 처음부터 끝까지   from beginning to _____

B <보기>에서 알맞은 단어를 골라 문장을 완성하세요.

<보기>	weekend	already	second

1 He _____ finished his meal.

2 I'll be back. Just wait a _____ .

3 They took a short trip last _____ .

C 주어진 우리말에 맞게 빈칸에 알맞은 단어를 채워 문장을 완성하세요.

1 나는 여행 후에 피곤했다.

→ I was tired _____ the trip.

2 각 수업은 약 한 시간이다.

→ Each class is about an _____ long.

3 그는 영원히 기억될 것이다.

→ He will be remembered _____ .

4 그녀는 하루 종일 집에 머물렀다.

→ She stayed at home _____ _____ _____ .

DAY

22

방향, 위치

- [ ] right
- [ ] high
- [ ] low
- [ ] north
- [ ] under
- [ ] behind
- [ ] between
- [ ] along
- [ ] far
- [ ] near
- [ ] around
- [ ] top
- [ ] middle
- [ ] center
- [ ] side
- [ ] inside
- [ ] outside
- [ ] next to
- [ ] in front of
- [ ] over there

421 right
[rait]

[형] 1. 오른쪽의   2. 옳은, 맞는   [부] 오른쪽으로
[명] 권리, 권한

• **right** hand
오른손

• That's the **right** answer.
그것이 **옳은** 답이다.

• Turn **right** at the light.
신호에서 **오른쪽으로** 도세요.

• human **rights**
인간의 **권리**[인권]

↔ **left** [형] 왼쪽의 [부] 왼쪽으로

---

422 high
[hai]

[형] 높은   [부] 높이

• That mountain is so **high**.
저 산은 매우 **높다**.

• Cats can jump **high**.
고양이는 **높이** 점프할 수 있다.

---

423 low
[lou]

[형] 낮은   [부] 낮게

• This drink has **low** calories.
이 음료는 칼로리가 **낮다**.

• That airplane is flying **low**.
저 비행기는 **낮게** 비행하고 있다.

---

424 north
[nɔːrθ]

[명] 북쪽   [형] 북부의

• Which way is **north**?
어느 길이 **북쪽**인가요?

• **North** pole
북극

Voca Plus 방향을 나타내는 단어

• **south** 남쪽(의)   • **east** 동쪽(의)   • **west** 서쪽(의)

425 **under**
[ʌ́ndər]

전 ~의 아래에

· I found my glasses **under** the desk.
나는 책상 **아래에서** 안경을 찾았다.

426 **behind**
[biháind]

전 ~의 뒤에

· There is a ball **behind** the box.
상자 **뒤에** 공이 하나 있다.

427 **between**
[bitwíːn]

전 ~사이에

· There is a bridge **between** the two buildings.
두 건물 **사이에** 다리가 있다.

➕ **between A and B** A와 B 사이에

428 **along**
[əlɔ́(ː)ŋ]

전 ~을 따라

· There are many trees **along** the street.
거리를 **따라** 많은 나무가 있다.

429 **far**
[faːr]

부 멀리, (~ 만큼) 떨어져

· Don't go too **far**.
너무 **멀리** 가지 마.

· How **far** is the hotel from here?
호텔은 여기에서 얼마만큼 **떨어져** 있나요?

430 **near**
[niər]

형 가까운 (= close)　　부 가까이　　전 ~에서 가까이

· in the **near** future
가까운 장래에

· Can you come **nearer**? I can't hear you.
더 **가까이** 와줄래? 네 말이 들리지 않아.

· Do you live **near** here?
너는 여기**에서 가까이** 사니?

431 around
[əráund]

부 1. 돌아서   2. 여기저기에   전 ~ 주위에

- turn **around**
  뒤**돌아**보다

- My dream is to travel **around** the world.
  나의 꿈은 세계를 **여기저기** 여행하는 것이다.

- We took a walk **around** the lake.
  우리는 호수 **주위에서** 산책했다.

432 top
[tɑp]

명 맨 위(부분), 정상, 꼭대기
형 꼭대기의, 맨 위의, 최고의

- **top** of the mountain
  산**꼭대기**

- He is the **top** player in the team.
  그는 팀에서 **최고의** 선수이다.

433 middle
[mídl]

명 중앙, 가운데   형 중앙의, 가운데의

- This dish is still cold in the **middle**.
  이 요리는 **가운데**가 여전히 차갑다.

- My brother goes to **middle** school.
  나의 형은 **중**학교에 다닌다.

➕ in the middle of ~의 가운데에

434 center
[séntər]

명 1. 중심, 중앙, 가운데   2. 센터(특정 활동을 위한 건물)

- The vase is in the **center** of the table.
  그 꽃병은 테이블의 **가운데**에 있다.

- a shopping **center**
  쇼핑**센터**

🔆 비교 Point middle vs. center

middle은 위치상의 중간 지점을 나타내며, 주로 좌우 기준으로 같거나 비슷한 거리의 지점을 의미해요.
또한 시간, 활동 과정을 나타낼 때도 쓸 수 있어요.

- in the **middle** of night 한밤중에   - in the **middle** of class 수업 중에

center는 공간, 도형의 정확한 중심을 의미하여, 지역의 경우 중심부를 의미해요.

- the **center** of a circle 원의 중심   - the **center** of the village 마을 중심

435 side
[said]

명 1. 쪽, 면 　 2. 옆면, 측면

- He drew on both **sides** of the paper.
  그는 종이 양**면**에 그림을 그렸다.

- My name was on the **side** of the box.
  내 이름이 상자 **옆면**에 쓰여 있었다.

---

436 inside
[ìnsáid]

전 ~ 안에 　 부 안에서, 안으로 　 명 안쪽, 안쪽 면

- The cat was **inside** the box.
  그 고양이는 상자 **안에** 있었다.

- It's raining. Let's go **inside**.
  비 온다. **안으로** 들어가자.

- The cookie is soft on the **inside**.
  그 쿠키는 **안쪽** 면이 부드럽다.

---

437 outside
[àutsáid]

전 ~ 밖에 　 부 밖에서, 밖으로 　 명 바깥쪽, 외면

- Let's meet **outside** the theater.
  극장 **밖에서** 만나자.

- I will wait **outside**.
  나는 **밖에서** 기다릴게.

- They painted the **outside** of the house.
  그들은 집 **바깥쪽**을 페인트칠했다.

교과서 빈출 표현

438 next to

~ 옆에

- Can I sit **next to** you?
  내가 네 **옆에** 앉아도 될까?

---

439 in front of

~의 앞에

- She was standing **in front of** me.
  그녀는 내 **앞에** 서 있었다.

➕ front 명 앞쪽 형 앞쪽의

---

440 over there

저쪽에

- Do you see that sign **over there**?
  저쪽에 있는 저 간판 보여?

VOCA Exercise

정답 p.293

A 빈칸에 알맞은 말을 넣어 어구를 완성하세요.

1 낮은 건물   a _____ building

2 나무 꼭대기   the _____ of a tree

3 차 밖에서   _____ the car

4 다리 밑에   _____ a bridge

5 강을 따라서 가다   go _____ the river

B 빈칸 (a)와 (b)에 공통으로 들어갈 단어를 쓰세요.

1 (a) I'm sorry, you're _____.   미안해, 네 말이 옳아.

    (b) The ticket is in my _____ pocket.   표는 내 오른쪽 주머니에 있다.

2 (a) The balloon flew _____.   풍선은 높이 날아갔다.

    (b) She got a _____ test score.   그녀는 높은 시험 점수를 받았다.

C 주어진 우리말에 맞게 빈칸에 알맞은 단어를 채워 문장을 완성하세요.

1 그는 도서관에서 가까이 산다.

   → He lives _____ the library.

2 우리는 캠프파이어 주변에 앉았다.

   → We sat _____ the campfire.

3 나는 가장 친한 친구 옆에 앉았다.

   → I sat _____ _____ my best friend.

4 버스 정류장 앞에서 만나자.

   → Let's meet _____ _____

      _____ the bus stop.

A 주어진 단어를 각각 빈칸에 채워 문장을 완성하세요.

140 I'll be back _____, before _____. (noon, soon)

141 It's _____ cold at the _____ of the mountain. (top, always)

142 He is _____ waiting _____. (outside, still)

143 There was _____ _____ the case. (inside, nothing)

B <보기>에서 알맞은 단어를 골라 문장을 완성하세요.

<보기>	next	another	evening	after
	piece	often	month	minutes
	end	finally		

144 I _____ take a walk in the _____.

145 Can I have _____ _____ of pizza?

146 The _____ train will arrive in 30 _____.

147 _____ a few minutes, the movie _____ began.

148 We will move at the _____ of this _____.

C 주어진 우리말에 맞게 다음 빈칸에 알맞은 단어를 쓰세요. (필요시 형태 바꿀 것)

149 I spent a _____ _____ watching movies.

나는 영화 보느라 몇 시간을 보냈다.

150 She _____ wakes up _____ for school.

그녀는 보통 학교 때문에 일찍 일어난다.

151 I always use _____ _____ of the paper.

나는 항상 종이의 양쪽 면[양면]을 사용한다.

152 He was standing _____ to his car _____

_____.

그는 저쪽에 있는 자신의 차 바로 옆에 서 있었다.

153 The park is in the _____ of the city, _____ the

library.

그 공원은 도서관 근처로, 도시의 중심에 있다.

154 There were _____ _____ _____

_____ bottles in the box.

상자 안에는 많은 빈 병이 있었다.

155 I looked _____ and bought _____ clothes.

나는 여기저기 둘러보다 옷을 좀 샀다.

156 _____ park in the _____ of the street. It's

dangerous.

길 한 가운데에 절대 주차하지 마세요. 그건 위험해요.

157 _____ players have their own uniform _____.

모든 선수들은 그들만의 유니폼 번호들이 있다.

DAY 23

학교 일상

- ☐ pencil
- ☐ paper
- ☐ note
- ☐ notebook
- ☐ eraser
- ☐ glue
- ☐ tape
- ☐ scissors
- ☐ textbook
- ☐ backpack
- ☐ rule
- ☐ bell
- ☐ board
- ☐ locker
- ☐ computer
- ☐ dictionary
- ☐ classmate
- ☐ classroom
- ☐ playground
- ☐ cafeteria

441 **pencil**
[pénsəl]

명 연필

· write in **pencil**
연필로 쓰다

· Whose **pencil case** is this?
이것은 누구의 **필통**이니?

➕ pencil case 필통

---

442 **paper**
[péipər]

명 종이

· Draw a line on the **paper**.
종이에 선을 하나 그리세요.

· Can I have a piece of **paper**?
종이 한 장 얻을 수 있을까요?

➕ a piece[sheet] of paper 종이 한 장

---

443 **note**
[nout]

명 1. 메모, 쪽지   2. 기록   3. 음, 음표

· There was a **note** on the desk.
책상에 **쪽지** 하나가 있었다.

· I take **notes** in class.
나는 수업 중에 **기록**한다[필기한다].

· high **notes**
높은 **음**[고음]

---

444 **notebook**
[noutbuk]

명 노트, 공책

· I lost my **notebook**.
나는 내 **노트**를 잃어버렸다.

· write down in a **notebook**
공책에 적다

---

445 **eraser**
[iréisər]

명 지우개

- Fix the answer with an **eraser**.
  지우개로 답을 고치세요.

446 **glue**
[ɡluː]
glued – glued

명 풀, 접착제　동 (접착제로) 붙이다

- Don't touch it. The **glue** is not dry yet.
  그것을 만지지 마. 풀이 아직 안 말랐어.

- He **glued** the pieces of the cup together.
  그는 컵의 조각들을 붙였다.

447 **tape**
[teip]
taped – taped

명 테이프　동 테이프로 붙이다

- a box **tape**
  박스 테이프

- Can you **tape** the poster to the wall?
  그 포스터를 벽에 테이프로 붙여줄래?

448 **scissors**
[sízərz]

명 가위

- a pair of **scissors**
  가위 한 자루

- Cut a circle in the paper with **scissors**.
  가위로 종이를 원 모양으로 자르세요.

● **More** 가위는 두 개의 칼날로 이루어져 항상 복수형 scissors로 쓰이므로, 주어로 쓰일 때는 복수형 동사를 사용해야 해요.

- These **scissors** don't cut well. 이 가위는 잘 안 잘린다.
  <u>복수형 동사</u>

449 **textbook**
[tékstbùk]

명 교과서

- Did you bring your **textbook**?
  너 교과서 가져왔니?

450 **backpack**
[bǽkpæk]

명 배낭, 책가방

- There are many books in my **backpack**.
  내 책가방 안에 많은 책들이 들어 있다.

451 rule
[ruːl]

명 규칙, 원칙*

🔵쉬운뜻 *지켜야 하는 기본적인 규칙이나 법칙

· break a **rule**
규칙을 깨다[어기다]

· Using cellphones is against the school **rules**.
핸드폰을 사용하는 것은 학교 규칙[교칙]에 어긋난다.

---

452 bell
[bel]

명 종, 종소리, 벨

· When the **bell** rings, stop writing.
종이 울리면 쓰기를 멈추세요.

· a door**bell**
초인종

---

453 board
[bɔːrd]

명 게시판, -판

· a black**board**
칠판

· The list of names are on the **board**.
게시판에 명단이 있다.

---

454 locker
[lákər]

명 사물함, 개인 물품 보관함

· I keep my things in the **locker**.
나는 내 물건을 사물함에 보관한다.

---

455 computer
[kəmpjútər]

명 컴퓨터

· The **computer** room is on the fourth floor.
컴퓨터실은 4층에 있다.

456 **dictionary**
[díkʃənèri]

명 사전

· This **dictionary** shows many examples.
이 **사전**은 많은 예시를 보여준다.

---

457 **classmate**
[klǽsmeit]

명 반 친구

· We have a new **classmate** today.
오늘 새로운 **반 친구**[전학생]가 왔다.

---

458 **classroom**
[klǽsrù(:)m]

명 교실

· Let's go back to the **classroom**.
교실로 돌아가자.

---

459 **playground**
[pléigràund]

명 (학교의) 운동장, (공원의) 놀이터

· We played soccer on the **playground**.
우리는 **운동장**에서 축구를 했다.

· The kids are running
on the **playground**.
아이들이 **놀이터**에서 뛰어다니고 있다.

---

460 **cafeteria**
[kæfətíəriə]

명 구내식당*, 카페테리아   수능뜻 *학교 또는 직장 안에 있는 식당

· We have lunch at the school **cafeteria**.
우리는 학교 **구내식당**에서 점심을 먹는다.

Voca Plus 학교 안의 여러 가지 시설들

· **gym** 체육관
· **science lab** 과학실
· **music room** 음악실
· **teachers' office** 교무실
· **library** 도서관
· **nurse's office** 보건실

VOCA Exercise

정답 p.293

A 빈칸에 알맞은 말을 넣어 어구를 완성하세요.

1 오래된 컴퓨터   an old _____

2 영어 사전   an English _____

3 수학 교과서   a math _____

4 지우개를 빌리다   borrow an _____

5 구내식당에서 만나다   meet at the _____

B <보기>에서 알맞은 단어를 골라 문장을 완성하세요.

<보기>	pencil	notes	backpack

1 He took _____ during the meeting.

2 What's in your _____? It's too heavy.

3 Please write in _____, not in pen.

C 주어진 우리말에 맞게 빈칸에 알맞은 단어를 채워 문장을 완성하세요.

1 그 가위는 매우 날카롭다.

→ The _____ are very sharp.

2 그는 종이에 풀을 발랐다.

→ He put glue on the _____.

3 게시판에 포스터를 붙이자.

→ Let's put the poster on the _____.

4 사물함은 교실 뒤쪽에 있다.

→ The lockers are at the back of the _____.

DAY

24

수업 I

- [ ] class
- [ ] begin
- [ ] teach
- [ ] let
- [ ] introduce
- [ ] lesson
- [ ] course
- [ ] art
- [ ] math
- [ ] history
- [ ] science
- [ ] subject
- [ ] timetable
- [ ] word
- [ ] page
- [ ] chapter
- [ ] blank
- [ ] difficult
- [ ] important
- [ ] be over

수업 I

---

⁴⁶¹ **class**
[klæs]

명 1. 학급, 반　2. 수업

· There are 20 students in my **class**.
내 **반**에 20명의 학생이 있다.

· The **class** starts in 2 minutes.
수업은 2분 뒤에 시작한다.

➕ **in class** 수업 중에

---

⁴⁶² **begin**
[bigín]
began – begun

동 시작하다 (= start)

· Lunchtime **begins** at noon.
점심시간은 정오에 **시작한다**.

➕ **beginner** 명 초보자

---

⁴⁶³ **teach**
[tiːtʃ]
taught – taught

동 가르치다

· She **teaches** music to students.
그녀는 학생들에게 음악을 **가르친다**.

➕ **teacher** 명 선생님

---

⁴⁶⁴ **let**
[let]
let – let

동 ~하게 하다, 시키다

· The teacher **let** me in the teachers' office.
선생님께서 나를 교무실로 들어오게 **해주셨다**.

· She **let** us leave early.
그녀는 우리를 일찍 떠나게 **했다**[보내주었다].

More let은 허락의 의미를 나타내며 「let+목적어+동사원형」의 형태로 쓰일 수 있어요.

· I'll **let** you know.　네가 알도록 **해줄게**[너한테 알려줄게].
　　목적어 동사원형

· He doesn't **let** me use his computer.　그는 내가 그의 컴퓨터를 사용하지 못하게 **한다**.
　　　　　　목적어 동사원형

465 **introduce**
[ìntrədjúːs]
introduced – introduced

동 소개하다

- The new student **introduced** herself.
  전학생은 자신을 **소개했다**.
- Let me **introduce** myself.
  저를 **소개할게요**.

466 **lesson**
[lésən]

명 1. 수업   2. 과   3. 교훈

- have a piano **lesson**
  피아노 **수업**을 받다
- Let's start **lesson** three.
  제3**과**를 시작합시다.
- learn a **lesson**
  교훈을 얻다

467 **course**
[kɔːrs]

명 강의, 강좌*

쉬운뜻 *강사나 교수가 강의하는 학과목

- take a **course** in Spanish
  스페인어 **강의**를 듣다

🔍 비교 **Point**   class vs. lesson vs. course

class는 주로 단체를 위한 수업 또는 과목 수업을 나타낼 때 사용해요.
- I like cooking **class**.   나는 요리 **수업**이 좋다.

lesson은 개인을 위한 수업 또는 1교시, 2교시처럼 하나의 수업 시간을 의미해요.
- I have a violin **lesson**.   나는 바이올린 **수업**이 있다.

course는 여러 수업(lesson)을 순서대로 배우고 끝낼 수 있는 과목을 의미해요.
- I take a **course** in Chinese.   나는 중국어 **강의**를 듣는다.

468 **art**
[ɑːrt]

명 미술, 예술

- a piece of **art**
  미술 작품
- I want to go to an **art** school.
  나는 **예술** 학교에 가고 싶다.

469 **math**
[mæθ]

명 수학 (= mathematics)

- a **math** test
  수학 시험
- I hate **math**. I'm not good with numbers.
  나는 **수학**을 싫어한다. 나는 숫자에 약하다.

470 **history**
[hístəri]

명 역사

- Korean **history**
  한국 **역사**[한국사]

---

471 **science**
[sáiəns]

명 과학

- a **science** lab
  과학실

- We wore gloves and goggles in **science** class.
  우리는 **과학** 시간에 장갑과 고글을 꼈다.

---

472 **subject**
[sʌ́bdʒikt]

명 과목

- What is your favorite **subject**?
  네가 가장 좋아하는 **과목**은 무엇이니?

---

473 **timetable**
[tɑimteibəl]

명 시간표

- The **timetable** changes after the summer vacation.
  시간표는 여름 방학 이후에 바뀐다.

---

474 **word**
[wə:rd]

명 단어, 낱말, 말

- What does that **word** mean?
  그 **단어**는 무슨 뜻이니?

---

475 **page**
[peidʒ]

명 페이지, 쪽, 면

- The answers are on the next **page**.
  정답은 다음 **페이지**에 있다.

- Turn to **page** 36.
  36쪽을 펴세요.

476 **chapter**
[tʃǽptər]

명 (책의) 장*, 챕터   쉬운뜻 *글의 내용을 크게 나누는 단위

- the first **chapter** of the textbook
  교과서 첫 번째 **장**
- There will be a quiz on **chapter** 6.
  챕터 6에 대한 쪽지 시험이 있을 것이다.

477 **blank**
[blæŋk]

명 빈칸

- Fill in the **blank** with the right letter.
  알맞은 글자로 **빈칸**을 채우세요.

478 **difficult**
[dífəkʌlt]

형 어려운, 힘든

- The question was so **difficult**.
  그 문제는 정말 **어려웠어**.
- Learning English is **difficult** for me.
  영어를 배우는 것이 나에겐 **어렵다**.

⊕ **easy** 형 쉬운, 수월한

479 **important**
[impɔ́ːrtənt]

형 중요한

- I have an **important** test tomorrow.
  나는 내일 **중요한** 시험이 있다.

교과서 빈출 표현

480 **be over**

was[were] – been

끝나다

- Break time will **be over** in 5 minutes.
  쉬는 시간은 5분 뒤에 **끝날** 것이다.

VOCA Exercise

정답 p.294

A 빈칸에 알맞은 말을 넣어 어구를 완성하세요.

1 어려운 시험   a _____ exam

2 중요한 회의   an _____ meeting

3 영어 단어   an English _____

4 미술과 문화   _____ and culture

5 책의 마지막 장   the last _____ of the book

B <보기>에서 알맞은 단어를 골라 문장을 완성하세요.

> <보기>   over   teaches   begin

1 When does the movie _____ ?

2 School will be _____ at 3 o'clock.

3 Ms. Jane _____ at a middle school.

C 주어진 우리말에 맞게 빈칸에 알맞은 단어를 채워 문장을 완성하세요.

1 과학은 내가 가장 좋아하는 과목이다.

→ Science is my favorite _____.

2 우리는 73쪽부터 시작할 것이다.

→ We will start from _____ 73.

3 내 가족을 소개할게.

→ _____ me introduce my family.

4 빈칸에 이름을 적어주세요.

→ Please write down your name in the _____.

DAY

25

수업 Ⅱ

- ☐ study
- ☐ work
- ☐ learn
- ☐ try
- ☐ write
- ☐ finish
- ☐ solve
- ☐ follow
- ☐ raise
- ☐ count
- ☐ homework
- ☐ leader
- ☐ report
- ☐ wrong
- ☐ perfect
- ☐ excellent
- ☐ question
- ☐ take a break
- ☐ be good at
- ☐ do one's best

481 **study**
[stʌ́di]
studied – studied

⑤ 공부하다　⑲ 공부, 학습
- She **studied** for the math test.
  그녀는 수학 시험을 위해 **공부했다**.
- a **study** group
  공부 모임[스터디 그룹]

482 **work**
[wəːrk]
worked – worked

⑤ 1. 일하다　2. 노력하다　⑲ 일, 작업
- He **works** at a bank.
  그는 은행에서 **일한다**.
- Students **work** hard in school.
  학생들은 학교에서 열심히 **노력한다**.
- I have a lot of **work** to do.
  나는 해야 할 **일**이 많다.

483 **learn**
[ləːrn]
learned – learned

⑤ 배우다, 학습하다
- **learn** a new word
  새로운 단어를 **배우다**
- We **learned** about art history.
  우리는 미술사에 대해 **배웠다**.

484 **try**
[trai]
tried – tried

⑤ 1. 노력하다, 애쓰다　2. 시도하다
- I will **try** and do well on the test.
  나는 **노력해서** 시험을 잘 볼 것이다.
- Please **try** again later.
  나중에 다시 **시도해**주세요.

485 **write**
[rait]
wrote – written

⑤ 쓰다, 작성하다
- He **wrote** his name on the notebook.
  그는 공책에 자신의 이름을 **썼다**.

486 **finish**

[fíniʃ]

finished – finished

〔동〕 끝나다, 마치다

• When do you **finish** your class?
너는 수업이 언제 **끝나니**?

• I just **finished** my homework.
나는 막 숙제를 **끝냈다**.

---

487 **solve**

[sɑlv]

solved – solved

〔동〕 해결하다, 풀다

• **solve** a problem
문제를 **해결하다**

• He **solved** the word puzzle first.
그가 단어 퍼즐을 가장 먼저 **풀었다**.

---

488 **follow**

[fɑ́lou]

followed – followed

〔동〕 1. 따라오다, 따라가다   2. 따르다

• **Follow** me to the teachers' office.
교무실로 나를 **따라오렴**.

• **follow** a rule/advice/recipe
규칙/조언/조리법을 **따르다**

---

489 **raise**

[reiz]

raised – raised

〔동〕 올리다, 들어 올리다

• **Raise** your hand when you need help.
도움이 필요하면 손을 **들어요**.

---

490 **count**

[kaunt]

counted – counted

〔동〕 (수를) 세다

• The children **counted** to ten.
그 아이들은 열까지 **셌다**.

• He **counted** the students on the bus.
그는 버스에 탄 학생들의 **수를 셌다**.

491 **homework**
[hóumwə̀:rk]

몡 숙제

- do **homework**
  숙제를 하다

- The teacher didn't give us any **homework**.
  선생님께서는 우리에게 아무 **숙제**도 주지 않으셨다.

492 **leader**
[lídər]

몡 지도자, 대표

- She became the **leader** of our group.
  그녀가 우리 모둠의 **대표**가 되었다.

493 **report**
[ripɔ́:rt]
reported – reported

몡 보고서, 리포트
통 1. 알리다, 발표하다   2. (신문·방송에서) 보도하다

- I have to write a book **report**.
  나는 책 **보고서**[독후감]를 써야 한다.

- **report** to the police
  경찰에 **알리다**[신고하다]

- **report** the news
  뉴스를 **보도하다**

494 **wrong**
[rɔ(ː)ŋ]

혱 1. 틀린, 잘못된   2. 이상이 있는

- I gave the **wrong** answer.
  나는 **틀린** 대답을 했다.

- Something is **wrong** with my watch.
  내 손목시계에 무언가 **이상이 있다**.

- ⊕ right 혱 옳은, 맞는

495 **perfect**
[pə́:rfikt]

혱 완벽한, 꼭 맞는

- get a **perfect** score
  완벽한 점수[만점]를 받다

- He speaks **perfect** Korean.
  그는 **완벽한** 한국어를 한다.

496 **excellent**

[éksələnt]

형 훌륭한

- You did an **excellent** job!
  참 **잘했어!**

---

497 **question**

[kwéstʃən]

questioned – questioned

명 질문, 문제   동 (특히 공식적으로) 질문하다

- Do you have any **questions**?
  질문이 있나요?

- Police **questioned** me about the accident.
  경찰은 내게 그 사고에 대해 **질문했다**.

교과서 빈출 표현

498 **take a break**

took – taken

휴식을 취하다

- Let's **take a break** for 5 minutes.
  5분 동안 **쉬자**.

---

499 **be good at**

was[were] – been

~을 잘하다, ~에 능숙하다

- She **is good at** art and music.
  그녀는 미술과 음악을 **잘한다**.

---

500 **do one's best**

did – done

최선을 다하다

- Don't worry. Just **do your best**.
  걱정하지 마. 그저 **최선을 다해봐**.

VOCA Exercise

정답 p.294

A 빈칸에 알맞은 말을 넣어 어구를 완성하세요.

1 완벽한 날씨   ＿＿＿＿＿＿＿＿ weather

2 새로운 것을 배우다   ＿＿＿＿＿＿＿＿ new things

3 일을 끝내다   ＿＿＿＿＿＿＿＿ work

4 잘못된 선택   a ＿＿＿＿＿＿＿＿ choice

5 훌륭한 보고서   an ＿＿＿＿＿＿＿＿ report

B 빈칸에 알맞은 형태를 쓰세요.

1 try   - (과거형) ＿＿＿＿＿＿＿＿   - (과거분사형) ＿＿＿＿＿＿＿＿

2 write - (과거형) ＿＿＿＿＿＿＿＿   - (과거분사형) ＿＿＿＿＿＿＿＿

3 raise - (과거형) ＿＿＿＿＿＿＿＿   - (과거분사형) ＿＿＿＿＿＿＿＿

C 밑줄 친 부분을 유의하여 우리말 해석을 완성하세요.

1 Can I ask you a <u>question</u>?

→ 제가 ＿＿＿＿＿＿＿＿을 해도 될까요?

2 She is <u>good at</u> science.

→ 그녀는 과학을 ＿＿＿＿＿＿＿＿.

3 Close your eyes and <u>count</u> to five.

→ 눈을 감고 다섯까지 ＿＿＿＿＿＿＿＿.

4 I <u>worked</u> hard for the contest.

→ 나는 그 대회를 위해 열심히 ＿＿＿＿＿＿＿＿.

A 주어진 단어를 각각 빈칸에 채워 문장을 완성하세요.

158 My favorite _____ is _____ . (art, subject)

159 I keep my _____ in the _____ . (locker, textbooks)

160 She _____ me borrow her _____ . (notebook, let)

161 The first _____ _____ at 9 a.m. (begins, class)

B <보기>에서 알맞은 단어를 골라 문장을 완성하세요.

<보기>	question	report	homework	raised
	follow	pages	timetable	perfect
	rules	science		

162 I _____ my hand and asked a _____ .

163 The book _____ should be two _____ long.

164 We have to _____ the _____ in class.

165 He got a _____ score on his _____ .

166 There is no _____ class on today's _____ .

C 주어진 우리말에 맞게 다음 빈칸에 알맞은 단어를 쓰세요. (필요시 형태 바꿀 것)

167 _____ is the _____ of the past.

역사는 과거에 대한 공부이다.

168 I'm not _____ _____ _____.

나는 수학을 잘하지 못한다.

169 He _____ hard and does his _____ in school.

그는 학교에서 열심히 공부하고 최선을 다한다.

170 I brought the wrong _____ to _____ class today.

나는 오늘 수학 시간에 공책을 잘못 가져왔다.

171 This _____ is the most _____ in the textbook.

이 장[챕터]은 교과서에서 가장 중요하다.

172 I usually sit with my _____ in the _____.

나는 (학교) 구내식당에서 주로 반 친구들과 같이 앉는다.

173 Use the _____ to find the _____ and its meaning.

단어와 그것의 의미를 찾으려면 사전을 사용해라.

174 _____ your name at the top of the _____.

페이지 맨 위에 이름을 쓰세요.

175 Reading is an _____ way to _____ new words.

읽기는 새로운 단어를 학습하는 훌륭한 방법이다.

DAY
26

학교 활동

- [ ] join
- [ ] club
- [ ] member
- [ ] group
- [ ] together
- [ ] share
- [ ] borrow
- [ ] return
- [ ] prize
- [ ] contest
- [ ] chance
- [ ] poster
- [ ] practice
- [ ] project
- [ ] change
- [ ] activity
- [ ] speech
- [ ] volunteer
- [ ] field trip
- [ ] after school

---

501 **join**
[dʒɔin]
joined – joined

⑧ 가입하다, 함께 하다

· Do you want to **join** our soccer team?
우리 축구팀에 **가입할래?**

---

502 **club**
[klʌb]

⑲ 동아리, 클럽

· I want to join a sports **club**.
나는 스포츠 **동아리**[운동부]에 가입하고 싶어.

---

503 **member**
[mémbər]

⑲ 회원, 멤버

· She is a new **member** of our team.
그녀는 우리 팀의 새 **멤버**이다.

---

504 **group**
[gru:p]

⑲ 모둠, 무리, 그룹

· He made a new study **group**.
그는 새 스터디 **그룹**을 만들었다.

➕ **a group of** 한 무리의

---

505 **together**
[təgéðər]

⑨ 함께, 같이

· Let's clean our classroom **together**.
우리 교실을 **함께** 청소하자.

· We enjoy spending time **together**.
우리는 **같이** 시간을 보내는 것을 즐긴다.

506 **share**
[ʃɛər]
shared – shared

동 함께 나누다, 공유하다

- **Share** your ideas with your partner.
짝과 **함께** 생각을 **나누어보세요.**

---

507 **borrow**
[bárou]
borrowed – borrowed

동 빌리다

- Can I **borrow** your eraser?
내가 네 지우개를 **빌려도** 될까?

---

508 **return**
[ritə́ːrn]
returned – returned

동 1. 돌아오다   2. 반납하다

- **return** home
집으로 **돌아오다**

- Please **return** these books by Friday.
이 책들을 금요일까지 **반납해** 주세요.

---

509 **prize**
[praiz]

명 상

- first **prize**
일등상

- He won the **prize** for his picture.
그는 자신의 그림으로 **상**을 탔다.

---

510 **contest**
[kántest]

명 시합, 대회

- enter/win a **contest**
시합에 참가하다/이기다

- He won the speech **contest**.
그는 연설 **대회**에서 우승했다.

511 **chance**
[tʃæns]

명 1. 기회 2. 가능성

- take/miss the **chance**
  기회를 잡다/놓치다
- There is a small **chance** of rain.
  비가 올 **가능성**이 적다.

---

512 **poster**
[póustər]

명 포스터, 벽보*

(속뜻뜻) *벽, 게시판에 붙여 알리는 글

- We made a **poster** for Earth day.
  우리는 지구의 날 **포스터**를 만들었다.
- put up a **poster**
  벽보를 붙이다

---

513 **practice**
[prǽktis]
practiced – practiced

동 연습하다 명 연습

- He **practices** soccer during lunchtime.
  그는 점심시간 동안 축구를 **연습한다**.
- take time and **practice**
  시간과 **연습**이 들다

---

514 **project**
[prάdʒekt]

명 프로젝트, 과제

- We worked on the group **project** together.
  우리는 같이 조별 **과제**를 했다.

---

515 **change**
[tʃeindʒ]
changed – changed

동 바꾸다, 변하다 명 변화

- Can I **change** seats with you?
  너와 자리를 **바꿔도** 될까?
- The date of the sports day **changed**.
  운동회 날짜가 **변경됐다**.
- make a **change**
  변화하다

516 activity
[æktívəti]

명 활동

- Swimming is a popular summer **activity**.
  수영은 인기 있는 여름 **활동**이다.

- What school **activities** do you enjoy?
  너는 어떤 학교 **활동**을 즐기니?

517 speech
[spi:tʃ]

명 1. 연설　2. 말, 말투

- give a **speech**
  연설하다

- He is slow of **speech**.
  그는 **말**이 느리다.

518 volunteer
[vàləntíər]
volunteered – volunteered

명 자원봉사자　동 자원하다

- We need more **volunteers** for the event.
  우리는 그 행사에 더 많은 **자원봉사자들**이 필요하다.

- I **volunteered** to help other students.
  나는 다른 학생들을 도와주기로 **자원했다**.

교과서 빈출 표현

519 field trip

현장학습, 견학

- go on a **field trip**
  현장학습을 가다

- We were excited about the **field trip**.
  우리는 **현장학습**에 들떠있었다.

520 after school

방과 후에

- Let's play basketball **after school**.
  방과 후에 농구 하자.

- We stayed in the classroom **after school**.
  우리는 **방과 후에** 교실에 머물렀다.

VOCA Exercise

정답 p.294

A 빈칸에 알맞은 말을 넣어 어구를 완성하세요.

1 요리 대회   a cooking _____

2 독서 동아리   a book _____

3 한 무리의 학생들   a _____ of students

4 밴드의 구성원   a _____ of the band

5 함께 자라다   grow up _____

B <보기>에서 알맞은 단어를 골라 문장을 완성하세요.

<보기>	joined	borrow	chance

1 Give me one more _____.

2 I _____ the soccer team.

3 Can I _____ your umbrella?

C 주어진 우리말에 맞게 빈칸에 알맞은 단어를 채워 문장을 완성하세요.

1 그의 연설은 지루했다.

→ His _____ was boring.

2 우리는 과학 시간에 모둠 활동을 했다.

→ We did a group _____ in science class.

3 나는 방과 후에 그녀를 만날 것이다.

→ I will meet her _____ _____.

4 그 농구팀은 더 많은 연습이 필요하다.

→ The basketball team needs more _____.

Preview Check

DAY
27

학교 고민

- [ ] lose
- [ ] choose
- [ ] future
- [ ] problem
- [ ] advice
- [ ] online
- [ ] grade
- [ ] quiz
- [ ] test
- [ ] exam
- [ ] mistake
- [ ] trouble
- [ ] secret
- [ ] fight
- [ ] trick
- [ ] friendship
- [ ] peer
- [ ] nickname
- [ ] be late for
- [ ] give up (on)

학교 고민

---

521 lose

[luːz]

lost – lost

동 1. 잃어버리다 2. 지다

· I **lost** my textbook.

나는 내 교과서를 **잃어버렸다**.

· Our team **lost** the game.

우리 팀은 경기에 **졌다**.

---

522 choose

[tʃuːz]

chose – chosen

동 선택하다, 고르다

· They **chose** me as the team leader.

그들은 팀 리더로 나를 **선택했다**.

· I can't **choose** between the two.

나는 둘 중에서 **고를** 수 없다.

---

523 future

[fjúːtʃər]

명 미래 형 미래의

· I want to be a nurse in the **future**.

나는 **미래**에 간호사가 되고 싶다.

· a **future** job

미래의 직업

---

524 problem

[prábləm]

명 문제

· solve a math **problem**

수학 **문제**를 풀다

· There is a **problem** with the computer.

컴퓨터에 **문제**가 있다.

---

525 advice

[ədváis]

명 조언, 충고

· I usually ask my parents for **advice**.

나는 보통 부모님께 **조언**을 구한다.

· take **advice**

충고를 받아들이다

---

526 online
[ɔnlɑin]

〔형〕 온라인의   〔부〕 온라인으로

· I have **online** lessons today.
나는 오늘 **온라인** 수업이 있다.

· We talk with our friends **online**.
우리는 친구들과 **온라인으로** 얘기한다.

---

527 grade
[greid]

〔명〕 1. 학년   2. 성적, 점수

· I'm in the first **grade**.
나는 1**학년**이다.

· She got good **grades** this year.
그녀는 올해 좋은 **성적**을 거두었다.

---

528 quiz
[kwiz]

〔명〕 1. 퀴즈   2. 쪽지 시험

· I enjoy watching **quiz** shows.
나는 **퀴즈** 프로그램을 즐겨 본다.

· I have a **quiz** every Friday.
나는 금요일마다 **쪽지 시험**이 있다.

---

529 test
[test]
tested – tested

〔명〕 시험, 검사   〔동〕 시험하다, 실험하다

· There is an English **test** tomorrow.
내일 영어 **시험**이 있다.

· The teacher **tested** the new student on math.
선생님께서 전학생에게 수학 **시험을 치게 하셨다.**

---

530 exam
[igzǽm]

〔명〕 시험 (= examination)

· study for an **exam**
시험 공부하다

· I did well on the **exam**.
나는 **시험**을 잘 봤다.

🔀 **비교 Point**   quiz vs. test vs. exam

quiz는 쪽지 시험처럼 간단히 보는 시험을 가리켜요.

test와 exam은 동일한 의미이지만, 쓰일 수 있는 범위에 차이가 있어요.

test는 다양한 범위에서 사용할 수 있어요. 학교 시험 외에 병원 검사 또는 실험 등을 할 때도 사용해요.

· IQ **test** IQ 테스트   · blood **test** 혈액 검사

exam은 형식을 갖춰 치르는 시험을 의미하며 주로 중간고사, 기말고사와 같은 정규 시험을 나타내요.

· the mid-term/final **exam** 중간/기말고사

531 **mistake**
[mistéik]

명 실수, 잘못

- make a **mistake**
  실수를 저지르다
- I took your book **by mistake**.
  내가 네 책을 **실수로** 가져갔어.

➕ by mistake 실수로

---

532 **trouble**
[trʌ́bl]

명 문제, 어려움

- I broke the window. I'm **in trouble**.
  내가 창문을 깼어. 난 **문제에 처했어**[큰 일 났어].
- Some students have **trouble** reading.
  어떤 학생들은 읽기에 **어려움**을 겪는다.

➕ in trouble 문제[어려움]에 처한

---

533 **secret**
[síːkrit]

명 비밀 형 비밀의

- Can you keep a **secret**?
  너 **비밀**을 지킬 수 있어?
- a **secret** diary
  비밀 일기

---

534 **fight**
[fait]
fought – fought

동 싸우다 명 싸움

- My brothers **fought** over the computer.
  내 형제들은 컴퓨터를 두고 **싸웠다**.
- He broke his nose in the **fight**.
  그는 **싸움**에서 코가 부러졌다.

---

535 **trick**
[trik]

명 1. 속임수 2. 장난, 농담 3. 묘기, 마술

- an old **trick**
  오래된 **속임수**[낡은 수법]
- He played a **trick** on me.
  그는 나에게 **장난**을 쳤다.
- I'll show you some card **tricks**.
  내가 너에게 카드 **마술**을 좀 보여줄게.

➕ play a trick on ~에게 장난을 치다

536 **friendship**
[fréndʃip]

명 우정

- Lisa and I have a close **friendship**.
  리사와 나는 끈끈한 **우정**을 맺고 있다.

537 **peer**
[piər]

명 (나이, 신분이 같은) 또래, 동료

- He is popular with his **peers**.
  그는 **또래들** 사이에서 인기가 있다.

538 **nickname**
[níknèim]

명 별명

- My friends call me by my **nickname**.
  내 친구들은 나를 **별명**으로 부른다.

교과서 빈출 표현

539 **be late for**

was[were] – been

~에 늦다, 지각하다

- He **was late for** school again.
  그는 학교에 또 **지각했다**.

540 **give up (on)**

gave – given

(~을) 포기하다, 그만두다

- Don't **give up** easily. Try again.
  쉽게 **포기하지** 마. 다시 시도해봐.

- I won't **give up on** my dream.
  나는 내 꿈을 **포기하지** 않을 것이다.

VOCA Exercise

정답 p.294

A 빈칸에 알맞은 말을 넣어 어구를 완성하세요.

1 비밀 조리법   a _____ recipe

2 진실한 우정   a true _____

3 마술 묘기   a magic _____

4 별명을 지어주다   give a _____

5 온라인 시험   an _____ test

B <보기>에서 알맞은 단어를 골라 문장을 완성하세요.

> <보기> choose   fight   problem

1 The math _____ was too difficult.

2 I had a _____ with my brother.

3 _____ between the red and blue cap.

C 주어진 우리말에 맞게 빈칸에 알맞은 단어를 채워 문장을 완성하세요.

1 나는 실수로 그녀의 가방을 가져갔다.

   → I took her bag by _____.

2 내 여동생은 5학년이다.

   → My sister is in the fifth _____.

3 우리는 미래를 위해 계획해야 한다.

   → We need to plan for the _____.

4 그녀는 이름을 기억하는 데 어려움을 겪는다.

   → She has _____ remembering names.

정답 p.295

A 주어진 단어를 각각 빈칸에 채워 문장을 완성하세요.

176 He made a _____ on the _____. (quiz, mistake)

177 We _____ many _____. (share, secrets)

178 Let's work _____ on this _____. (project, together)

179 The _____ has 30 _____. (club, members)

B <보기>에서 알맞은 단어를 골라 문장을 완성하세요.

<보기>	future	fight	choose	contest
	posters	advice	group	trouble
	prize	speech		

180 We got in _____ because of a _____.

181 Let's make more _____ for the dance _____.

182 She gave me _____ on _____ plans.

183 Our _____ worked hard and won a _____.

184 I need to _____ a topic for my _____.

주어진 우리말에 맞게 다음 빈칸에 알맞은 단어를 쓰세요. (필요시 형태 바꿀 것)

185 Can I _____ my classes _____?

온라인으로 수업을 변경해도 될까요?

186 The club _____ gave me my _____.

동아리 회원들이 나의 별명을 지어주었다.

187 Please _____ your _____ dreams with your partner.

여러분의 짝과 함께 미래의 꿈을 나눠보세요.

188 We _____ to clean the gym _____ _____.

우리는 방과 후에 체육관 청소하기를 자원했다.

189 Can I _____ the book? I'll _____ it tomorrow.

내가 그 책을 빌려도 될까? 내일 돌려줄게.

190 Don't _____ _____ now. You'll get better with _____.

지금 포기하지 마. 너는 연습하면 더 잘할 거야.

191 There were many fun _____ on the _____ _____.

현장학습에 재미있는 활동들이 많았다.

192 _____ing the club will give you a _____ to make friends.

동아리에 가입하는 것은 네게 친구를 사귈 기회를 줄 것이다.

DAY

28

특별한 날

- ☐ event
- ☐ birthday
- ☐ gift
- ☐ present
- ☐ invite
- ☐ album
- ☐ balloon
- ☐ holiday
- ☐ special
- ☐ hug
- ☐ welcome
- ☐ marry
- ☐ wedding
- ☐ picnic
- ☐ festival
- ☐ firework
- ☐ photograph
- ☐ memory
- ☐ come up
- ☐ throw a party

---

541 **event**
[ivént]

圀 행사, 사건

· The World Cup is a big sporting **event**.
월드컵은 큰 스포츠 **행사**이다.

---

542 **birthday**
[bɔ́ːrθdèi]

圀 생일

· Happy **birthday**!
생일 축하해!

· What should I get for Mom's **birthday**?
엄마 **생신** 때 무엇을 사는 게 좋을까?

---

543 **gift**
[gift]

圀 선물

· a **gift** shop
선물 가게

· Dad gave me a Christmas **gift**.
아빠는 나에게 크리스마스 **선물**을 주셨다.

---

544 **present**
[prézənt]

圀 선물

· Everyone brought **presents** to the party.
모두가 파티에 **선물**을 가져왔다.

More gift는 다른 명사와 같이 쓰이지만, present는 그렇지 않아요.

· **gift** box, **gift** card (○)   · **present** box, **present** card (×)

---

545 **invite**
[inváit]
invited – invited

圀 초대하다

· I **invited** my friend to dinner.
나는 내 친구를 저녁 식사에 **초대했다**.

➕ invite A to B   A를 B에 초대하다

---

546 **album**
[ǽlbəm]

명 1. 앨범, 사진첩 2. (음악) 앨범

- We keep our pictures in an **album**.
  우리는 사진을 **앨범**에 보관한다.
- I like the band's new **album**.
  나는 그 밴드의 새 **앨범**이 좋다.

---

547 **balloon**
[bəlú:n]

명 풍선

- We blew up colorful **balloons**.
  우리는 형형색색의 **풍선**을 불었다.
- There were many **balloons** at the party.
  파티에는 **풍선들**이 많았다.

---

548 **holiday**
[hάlidèi]

명 1. 휴일, 공휴일 2. 휴가 (= vacation)

- March 1st is a **holiday** in Korea.
  한국에서 3월 1일은 **공휴일**이다.
- I will travel during my summer **holiday**.
  나는 여름**휴가** 동안 여행할 것이다.

---

549 **special**
[spéʃəl]

형 특별한

- Do you have any **special** plans tomorrow?
  너는 내일 **특별한** 계획이 있니?

---

550 **hug**
[hʌg]
hugged – hugged

동 껴안다, 포옹하다 명 포옹

- She **hugged** me and said goodbye.
  그녀는 나를 **껴안고** 작별 인사를 했다.
- Dad gave me a big **hug**.
  아빠는 내게 큰 **포옹**을 해주셨다[꽉 안아주셨다].

551 welcome
[wélkəm]
welcomed – welcomed

[동] 환영하다, 기쁘게 맞이하다

· **Welcome** to Korea!
한국에 온 것을 **환영합니다**.

· She **welcomed** the visitors with a smile.
그녀는 웃으면서 방문객들을 **맞이했다**.

552 marry
[mǽri]
married – married

[동] 결혼하다

· Will you **marry** me?
나와 **결혼해** 줄래?

· They plan to **get married** this spring.
그들은 올봄에 **결혼할** 계획이다.

➕ get married 결혼하다

553 wedding
[wediŋ]

[명] 결혼(식)

· The couple looked happy on their **wedding** day.
그 커플은 **결혼식** 날 행복해 보였다.

554 picnic
[píknik]

[명] 소풍

· go on a **picnic**
소풍 가다

· It's a perfect day for a **picnic**.
소풍 가기에 완벽한 날이다.

555 festival
[féstivəl]

[명] 축제

· The **festival** will start next week.
그 **축제**는 다음 주에 시작될 것이다.

· We tried delicious dishes at the food **festival**.
우리는 음식 **축제**에서 맛있는 요리들을 먹어 보았다.

556 firework
[fáiərwərk]

명 (-s) 불꽃놀이

· We watched **fireworks** in the night sky.
우리는 밤하늘의 **불꽃놀이**를 감상했다.

557 photograph
[fóutəgræf]

명 사진 (= photo, picture)

· take a **photograph**
사진을 찍다

· This **photograph** doesn't look like her.
이 **사진**은 그녀 같지 않다.

➕ photographer 명 사진사, 사진작가

558 memory
[méməri]

명 1. 기억, 추억   2. 기억력

· Share your happy **memories** with your family.
가족과 행복한 **추억들**을 나누세요.

· You have a very good **memory**.
너는 아주 좋은 **기억력**을 가지고 있구나.

교과서 빈출 표현

559 come up

came – come

1. 생기다, 발생하다   2. 다가오다

· Sorry I'm late. Something **came up**.
늦어서 미안해. 일이 **생겼거든**.

· Dad's birthday **is coming up** soon.
아빠의 생신이 곧 **다가오고 있다**.

560 throw a party

threw – thrown

파티를 열다

· We will **throw a party** for him.
우리는 그를 위해 **파티를 열** 것이다.

VOCA Exercise

정답 p.295

A 빈칸에 알맞은 말을 넣어 어구를 완성하세요.

1 휴가 계획 _____ plans

2 음악 축제 a music _____

3 생일 축하 카드 a _____ card

4 풍선을 터뜨리다 pop a _____

5 앨범을 녹음하다 record an _____

B 빈칸에 알맞은 형태를 쓰세요.

1 invite – (과거형) _____ – (과거분사형) _____

2 hug – (과거형) _____ – (과거분사형) _____

3 marry – (과거형) _____ – (과거분사형) _____

4 welcome – (과거형) _____ – (과거분사형) _____

C 주어진 우리말에 맞게 빈칸에 알맞은 단어를 채워 문장을 완성하세요.

1 나는 그녀에게 무언가 특별한 것을 주고 싶어.

→ I want to give her something _____.

2 운동회는 내가 가장 좋아하는 학교 행사이다.

→ Sports Day is my favorite school _____.

3 그녀는 웨딩드레스를 입으니 아름다워 보였다.

→ She looked beautiful in her _____ dress.

4 엄마를 위해 파티를 열어드리자!

→ Let's _____ _____ _____ for Mom!

DAY

29

취미, 관심사

Preview Check

- [ ] hobby
- [ ] spend
- [ ] enjoy
- [ ] favorite
- [ ] sing
- [ ] draw
- [ ] collect
- [ ] climb
- [ ] game
- [ ] chess
- [ ] comic
- [ ] cartoon
- [ ] video
- [ ] camping
- [ ] film
- [ ] blog
- [ ] fashion
- [ ] be interested in
- [ ] go to the movies
- [ ] take a picture (of)

취미, 관심사

---

561 hobby
[hábi]

몡 취미

· My **hobby** is baking.
내 **취미**는 빵을 굽는 것이다.

---

562 spend
[spend]
spent – spent

동 1. (돈을) 쓰다   2. (시간을) 보내다

· He usually **spends** money on toy cars.
그는 주로 장난감 자동차에 돈을 **쓴다**.

· I often **spend** free time with my friends.
나는 자주 내 친구들과 여가 시간을 **보낸다**.

---

563 enjoy
[indʒɔ́i]
enjoyed – enjoyed

동 즐기다

· Did you **enjoy** the movie?
너는 그 영화를 **즐겼니**?

· I **enjoy** riding my bicycle.
나는 자전거 타는 것을 **즐긴다**.

More enjoy는 v-ing을 목적어로 취하는 동사예요.

· I **enjoy** *cooking*. 나는 요리하는 것을 즐긴다.
· He **enjoys** *playing* tennis. 그는 테니스 치는 것을 즐긴다.

---

564 favorite
[féivərit]

혱 가장 좋아하는

· My **favorite** sport is badminton.
내가 **가장 좋아하는** 운동은 배드민턴이다.

---

565 sing
[siŋ]
sang – sung

동 1. 노래하다   2. (새가) 지저귀다, 울다

· I like to **sing** out loud in my room.
나는 방에서 큰 소리로 **노래하는** 것을 좋아한다.

· A bird **is singing** in the tree.
새 한 마리가 나무에서 **지저귀고 있다**.

---

⁵⁶⁶ **draw**
[drɔː]
drew – drawn

⊗ (연필, 펜 등으로) 그리다

· I like to **draw** in my free time.
나는 여가 시간에 그림 **그리는** 것을 좋아한다.

· He **drew** a picture of his family.
그는 자기 가족 그림을 **그렸다**.

---

⁵⁶⁷ **collect**
[kəlékt]
collected – collected

⊗ 모으다, 수집하다

· He **collects** baseball caps.
그는 야구 모자를 **수집한다**.

PART 6
Day
29

---

⁵⁶⁸ **climb**
[klaim]
climbed – climbed

⊗ 오르다, 올라가다

· The cat **climbed** up the tree.
그 고양이는 나무 위로 **올라갔다**.

· His dream is to **climb** Mount Everest.
그의 꿈은 에베레스트 산을 **오르는** 것이다.

---

⁵⁶⁹ **game**
[geim]

⊗ 1. 게임, 놀이   2. 경기, 시합

· play a computer **game**
컴퓨터 **게임**을 하다

· She will watch a basketball **game** later.
그녀는 이따가 농구 **경기**를 볼 것이다.

---

⁵⁷⁰ **chess**
[tʃes]

⊗ 체스

· play **chess**
체스를 하다

· He joined the school **chess** club.
그는 교내 **체스** 동아리에 가입했다.

571 **comic**
[kámik]

형 웃기는, 희극의*

명 (-s) 만화책 (= comic book)

취뜻뜻 *사람을 웃기는 행동이나 모습의

- I like to read **comic** novels.
  나는 **희곡** 소설을 읽는 것을 좋아한다.
- She loves reading **comics**.
  그녀는 **만화책** 읽는 것을 정말 좋아한다.

---

572 **cartoon**
[kɑrtúːn]

명 만화, 만화 영화

- a **cartoon** character
  만화 캐릭터
- I sometimes watch **cartoons** on TV.
  나는 가끔 TV로 **만화 영화**를 본다.

---

573 **video**
[vídiòu]

명 비디오, 영상

- I often watch funny **videos** online.
  나는 온라인에서 재미있는 **영상**을 자주 본다.

---

574 **camping**
[kǽmpiŋ]

명 캠핑, 야영

- Many people go to the forest for **camping**.
  많은 사람들은 **캠핑**하러 숲에 간다.
- The **camping** trip was so much fun.
  그 **캠핑** 여행은 정말 재미있었다.

---

575 **film**
[film]

명 영화 (= movie)

- We visited a **film** festival in Busan.
  우리는 부산에서 열린 **영화제**를 방문했다.

576 blog
[blɑg]

명 (인터넷의) 블로그*

쉬운뜻 *관심사에 따라 자유롭게 게시물을 작성하여 올리는 웹 사이트

· She writes a **blog** about travel.
그녀는 여행 관련 **블로그**를 쓴다.

· I post photos on my **blog**.
나는 내 **블로그**에 사진을 게시한다.

577 fashion
[fǽʃən]

명 1. 패션   2. 유행

· She wants to go to a **fashion** show.
그녀는 **패션**쇼에 가고 싶어 한다.

· Short skirts are **in fashion**.
짧은 치마가 **유행하고** 있다.

➕ **in fashion** 유행하는

교과서 빈출 표현

**578 be interested
in**

was[were] – been

~에 관심이 있다, 흥미가 있다

· She **is interested in** art.
그녀는 예술에 관심이 있다.

**579 go to the
movies**

went – gone

영화 보러 가다

· Let's **go to the movies**.
영화 보러 가자.

**580 take
a picture (of)**

took – taken

(~의) 사진을 찍다

· Could you **take a picture of** us?
저희 **사진** 좀 **찍어** 주실래요?

· He loves to **take pictures of** nature.
그는 자연 **사진을 찍는** 것을 아주 좋아한다.

VOCA Exercise

정답 p.295

A 빈칸에 알맞은 말을 넣어 어구를 완성하세요.

1 보드게임   a board _____

2 유행하는   in _____

3 희극 배우   a _____ actor

4 영상을 찍다   make a _____

5 언덕을 오르다   _____ a hill

B 빈칸에 알맞은 형태를 쓰세요.

1 sing   - (과거형) _____   - (과거분사형) _____

2 draw   - (과거형) _____   - (과거분사형) _____

3 collect - (과거형) _____   - (과거분사형) _____

4 spend - (과거형) _____   - (과거분사형) _____

C 주어진 우리말에 맞게 빈칸에 알맞은 단어를 채워 문장을 완성하세요

1 나는 음악 듣는 것을 즐긴다.

→ I _____ listening to music.

2 이 영화는 우정에 관한 것이다.

→ This _____ is about friendship.

3 겨울은 내가 가장 좋아하는 계절이다.

→ Winter is my _____ season.

4 그녀는 운동에 흥미가 있다.

→ She is _____ _____ sports.

A 주어진 단어를 각각 빈칸에 채워 문장을 완성하세요.

193 I _____ _____ mountains. (enjoy, climbing)

194 His _____ is to play _____ . (chess, hobby)

195 Let's put the _____ in the _____ . (album, photos)

196 Thanks for _____ us to the _____ event. (inviting, special)

B <보기>에서 알맞은 단어를 골라 문장을 완성하세요.

<보기>	balloons	fashion	present	photographs
	birthday	blog	memories	event

197 Happy _____ ! Here is your _____ .

198 There were many colorful _____ at the _____ .

199 She has a _____ _____ and shares
pictures of her style.

200 The _____ bring back good _____ .

주어진 우리말에 맞게 다음 빈칸에 알맞은 단어를 쓰세요. (필요시 형태 바꿀 것)

201 I _____ _____ _____ of animals.

나는 동물 사진들을 찍는 것을 즐긴다.

202 She _____ every guest with a _____.

그녀는 모든 손님을 포옹으로 환영했다.

203 Her _____ day is _____ _____.

그녀의 결혼 날짜가 다가오고 있다.

204 He is _____ _____ _____.

그는 만화(들)에 관심이 있다.

205 I _____ _____ as a hobby.

나는 취미로 만화책을 모은다.

206 We went on a _____ instead of _____.

우리는 캠핑 대신에 소풍을 갔다.

207 My _____ is about my travel _____.

나의 블로그는 여행 추억들에 관한 것이다.

208 I _____ time playing _____ games.

나는 비디오 게임을 하면서 시간을 보냈다.

209 There will be _____ at the end of the _____.

축제가 끝날 때 불꽃놀이가 있을 예정이다.

DAY 30

쇼핑, 외식

- [ ] buy
- [ ] sell
- [ ] money
- [ ] cost
- [ ] price
- [ ] check
- [ ] pay
- [ ] cheap
- [ ] expensive
- [ ] size
- [ ] item
- [ ] list
- [ ] menu
- [ ] order
- [ ] steak
- [ ] seafood
- [ ] serve
- [ ] customer
- [ ] go shopping
- [ ] on sale

쇼핑, 외식

581 **buy**
[bai]
bought – bought

동 사다, 구입하다

- I **bought** a book for his birthday.
  나는 그의 생일 선물로 책 한 권을 **샀다**.
- Dad **bought** me new shoes.
  아빠는 나에게 새 신발을 **사주셨다**.

582 **sell**
[sel]
sold – sold

동 팔다, 팔리다

- The market **sells** fresh vegetables.
  그 시장은 신선한 야채를 **판다**.
- His new book **sells** very well.
  그의 새 책은 매우 잘 **팔린다**.

583 **money**
[mʌ́ni]

명 돈

- I saved **money** for new clothes.
  나는 새 옷을 위해 **돈**을 모았다.

➕ cash 명 현금

584 **cost**
[kɔ(ː)st]
cost – cost

명 값, 비용   동 (값, 비용이) ~이다

- high/low **cost**
  높은/낮은 **비용**
- How much does this sweater **cost**?
  이 스웨터는 (값이) 얼마**인가요**?

585 **price**
[prais]

명 가격, 값

- a **price** tag
  가격표
- I bought this bag at a good **price**.
  나는 이 가방을 좋은 **가격**에 샀다.

586 check
[tʃek]
checked – checked

동 확인하다, 점검하다

명 1. 확인, 점검   2. 계산서

· Let's **check** the menu before we go in.
안에 들어가기 전에 메뉴를 **확인해보자**.

· Can I have the **check**, please?
계산서 좀 주시겠어요?

587 pay
[pei]
paid – paid

동 내다, 지불하다

· I'll **pay** for the dinner.
내가 저녁값을 **낼게**.

· He **paid** $10 for the ticket.
그는 티켓값으로 10달러를 **지불했다**.

588 cheap
[tʃiːp]

형 값이 싼, 저렴한

· Fast food is quick and **cheap**.
패스트푸드는 빠르고 **저렴하다**.

589 expensive
[ikspénsiv]

형 비싼, 돈이 많이 드는

· The dress is too **expensive** for me.
그 드레스는 나에게 너무 **비싸다**.

590 size
[saiz]

명 크기, 사이즈

· a small/medium/large **size**
작은/중간/큰 **사이즈**

· Do you have these shoes in **size** 250?
이 신발 250 **사이즈** 있나요?

591 item
[áitəm]

명 물품, 항목

- Do you have this **item** in a different color?
이 **물품** 다른 색상으로도 있나요?

---

592 list
[list]

명 목록, 명단

- Let's make a **list** of things to buy.
사야 할 물건의 **목록**을 작성하자.

---

593 menu
[ménju]

명 메뉴

- Can I have the **menu**?
메뉴판 좀 주시겠어요?

- Is there any fish on the **menu**?
메뉴에 생선이 있나요?

---

594 order
[ɔ́ːrdər]
ordered – ordered

동 1. 명령하다   2. 주문하다   명 주문

- He **ordered** his dog to wait.
그는 강아지에게 기다리라고 **명령했다**.

- I'd like to **order** chicken salad.
저는 치킨 샐러드를 **주문할게요**.

- May I take your **order**?
주문하시겠어요?

---

595 steak
[steik]

명 스테이크

- A: How would you like your **steak**?
B: Medium, please.
A: **스테이크**는 어떻게 요리해 드릴까요?
B: 미디움으로 해주세요.

596 seafood
[sifud]

명 해산물

- **Seafood** pasta is popular at this restaurant.
  해산물 파스타는 이 식당에서 인기가 있다.

---

597 serve
[səːrv]
served – served

동 (음식을) 제공하다, 차려 주다

- The hotel **serves** delicious breakfast.
  그 호텔은 맛있는 조식을 제공한다.

- He **served** us our food.
  그는 우리에게 음식을 차려 주었다.

---

598 customer
[kʌ́stəmər]

명 손님, 고객

- **customer** service
  고객 서비스

- She is one of our best **customers**.
  그녀는 우리의 우수 고객들 중 한 분이다.

교과서 빈출 표현

599 go shopping

went – gone

쇼핑하러 가다

- We **went shopping** at the mall.
  우리는 쇼핑몰에 쇼핑하러 갔다.

---

600 on sale

1. 할인 중인　2. 판매 중인 (= for sale)

- The bag is **on sale** for 25% off.
  그 가방은 25% 할인 중이다.

- The novel will be **on sale** soon.
  그 소설은 곧 판매될 것이다.

VOCA Exercise

정답 p.296

A 빈칸에 알맞은 말을 넣어 어구를 완성하세요.

1 물품 비용   the cost of the _____

2 주문을 받다   take an _____

3 메뉴를 보다   look at the _____

4 구입 물품 목록   a shopping _____

5 해산물 전문 레스토랑   a _____ restaurant

B 빈칸에 알맞은 형태를 쓰세요.

1 sell   - (과거형) _____   - (과거분사형) _____

2 pay   - (과거형) _____   - (과거분사형) _____

3 buy   - (과거형) _____   - (과거분사형) _____

4 cost   - (과거형) _____   - (과거분사형) _____

C 주어진 우리말에 맞게 빈칸에 알맞은 단어를 채워 문장을 완성하세요.

1 그 셔츠의 가격은 30달러이다.

→ The _____ of the shirt is $30.

2 그들은 점심을 오전 11시부터 오후 2시까지 제공한다.

→ They _____ lunch from 11 a.m. to 2 p.m.

3 나는 그 시계가 너무 비싸서 사지 않았다.

→ The watch was too _____, so I didn't buy it.

4 지금 겨울 부츠는 모두 할인 중이다.

→ The winter boots are all _____ _____ now.

DAY 31

여행

- [ ] plan
- [ ] travel
- [ ] trip
- [ ] vacation
- [ ] ticket
- [ ] map
- [ ] seat
- [ ] arrive
- [ ] stay
- [ ] hotel
- [ ] service
- [ ] visit
- [ ] pool
- [ ] beach
- [ ] palace
- [ ] guide
- [ ] pack
- [ ] adventure
- [ ] scenery
- [ ] have fun

601 **plan**
[plæn]
planned – planned

뗑 계획 동 계획하다

· Do you have a **plan** to visit Korea?
한국을 방문할 **계획**이 있나요?

· We **plan** to leave for Italy tomorrow.
우리는 내일 이탈리아로 출발할 **계획이다**.

602 **travel**
[trǽvəl]
traveled – traveled

동 여행하다 명 여행

· I want to **travel** around the world.
나는 전 세계를 **여행하고** 싶다.

· Many people dream of space **travel**.
많은 사람들은 우주**여행**을 꿈꾼다.

➕ traveler 명 여행자

603 **trip**
[trip]

명 여행

· go on a **trip**
여행을 가다

· We took a **trip** to the sea.
우리는 바다로 **여행**을 갔다.

More trip은 동사 take나 go on과 주로 함께 쓰이지만, 명사 travel은 그렇지 않아요.
· take a travel (×) → take a **trip** (○)   · go on a travel (×) → go on a **trip** (○)

go on은 주로 어떤 목적지로 가서 주어진 일정 동안 추가 활동을 할 때 사용해요.
· **go on** a trip/picnic/tour 여행/소풍/관광하러 가다

604 **vacation**
[veikéiʃən]

명 휴가, 방학

· summer/winter **vacation**
여름/겨울 **휴가**

· What did you do on your **vacation**?
너는 **휴가** 때 무엇을 했니?

605 ticket
[tíkit]

명 표, 입장권, 승차권

• a train **ticket**
기차표

• I bought **tickets** for a soccer game.
나는 축구 경기 **입장권**을 샀다.

---

606 map
[mæp]

명 지도

• Where are we on the **map**?
지도에서 우리는 어디쯤 있어?

➕ read a map 지도를 보다

---

607 seat
[siːt]

명 자리, 좌석

• take a **seat**
자리에 앉다

• I sat in the window **seat** on the plane.
나는 비행기에서 창가 **자리**에 앉았다.

---

608 arrive
[əráiv]
arrived – arrived

동 도착하다

• We **arrived** at the station.
우리는 역에 **도착했다**.

• What time does the plane **arrive** in New York?
비행기가 몇 시에 뉴욕에 **도착하니**?

---

609 stay
[stei]
stayed – stayed

동 머무르다

• I **stayed** in Paris for a week.
나는 파리에서 일주일간 **머물렀다**.

• How long are you going to **stay**?
너는 얼마나 오래 **머무를** 예정이니?

---

610 hotel
[houtél]

명 호텔

• The **hotel** is close to the airport.
그 **호텔**은 공항에서 가깝다.

611 service
[sə́:rvis]

몡 서비스

· The hotel gives excellent **service**.
그 호텔은 훌륭한 **서비스**를 제공한다.

---

612 visit
[vízit]
visited – visited

동 방문하다   몡 방문

· We will **visit** the Eiffel Tower tomorrow.
우리는 내일 에펠 탑을 **방문할** 것이다.

· This is my first **visit** to Jeonju.
이번이 나의 전주로의 첫 **방문**이다.

➕ visitor 몡 방문객, 손님

---

613 pool
[pu:l]

몡 수영장

· The children are swimming in the **pool**.
어린이들이 **수영장**에서 수영하고 있다.

---

614 beach
[bi:tʃ]

몡 해변, 바닷가

· We built a sand castle on the **beach**.
우리는 **해변**에서 모래성을 쌓았다.

· Many people were lying on the **beach**.
많은 사람들이 **해변**에 누워 있었다.

---

615 palace
[pǽlis]

몡 궁전

· a royal **palace**
왕궁

· We had a tour of the **palace**.
우리는 **궁전**을 관광했다.

616 **guide**
[gaid]
guided – guided

명 1. 안내(서)　2. 안내인　동 안내하다, 인도하다

- The book is the perfect **guide** to Japan.
  그 책은 일본에 대한 완벽한 **안내서**이다.

- The tour **guide** showed us around the town.
  그 여행**안내인**[가이드]은 우리에게 도시를 구경시켜 주었다.

- He **guided** us through busy streets.
  그는 복잡한 거리를 따라 우리를 **안내했다**.

617 **pack**
[pæk]
packed – packed

동 (짐을) 싸다, 꾸리다

- I **packed** my bag with clothes.
  나는 옷들을 가방에 **쌌다**.

618 **adventure**
[ədvéntʃər]

명 모험

- He wants to have an **adventure**.
  그는 **모험**을 하고 싶어 한다.

619 **scenery**
[síːnəri]

명 경치, 풍경

- We enjoyed the **scenery** around the lake.
  우리는 호수 주변 **경치**를 즐겼다.

교과서 빈출 표현

620 **have fun**
had – had

즐기다, 재미있게 보내다

- We **had fun** at the festival.
  우리는 축제에서 **재미있게 보냈다**.

VOCA Exercise

정답 p.296

A 빈칸에 알맞은 말을 넣어 어구를 완성하세요.

1 뒷자리   a back _____

2 여행 짐을 싸다   _____ for the trip

3 지도를 보다   read a _____

4 비행기표   a plane _____

5 기차로 여행을 하다   _____ by train

B <보기>에서 알맞은 단어를 골라 문장을 완성하세요.

> <보기> visits   service   guide

1 A _____ is leading the group.

2 The restaurant had poor _____.

3 He often _____ the park for a walk.

C 주어진 우리말에 맞게 빈칸에 알맞은 단어를 채워 문장을 완성하세요.

1 그 호텔에는 큰 수영장이 있다.

→ The hotel has a big _____.

2 이 여행은 굉장한 모험이 될 거야.

→ This trip will be an amazing _____.

3 그 궁전은 방문객들에게 항상 개방되어 있다.

→ The _____ is always open to visitors.

4 파티에서 재밌게 보내길 바라.

→ I hope you _____ _____ at the party.

1001 Sentences

A 주어진 단어를 각각 빈칸에 채워 문장을 완성하세요.

210 Did you _____ for the _____? (pay, ticket)

211 I ordered the _____ from the _____. (menu, steak)

212 The _____ was too _____ for me. (hotel, expensive)

213 This bag _____ too much _____. (costs, money)

B <보기>에서 알맞은 단어를 골라 문장을 완성하세요.

<보기>	stay	price	pack	serves
	checks	trip	plan	seafood

214 Let's _____ our bags for the _____.

215 This restaurant _____ _____ only.

216 I _____ to _____ here for two days.

217 He always _____ the _____ tag first.

C 주어진 우리말에 맞게 다음 빈칸에 알맞은 단어를 쓰세요. (필요시 형태 바꿀 것)

218 My family _____ to _____ Hawaii.

나의 가족은 하와이를 방문할 계획이다.

219 The store has many _____ _____.

그 가게는 저렴한 물품들이 많이 있다.

220 I like to _____ _____ when I'm on _____.

나는 휴가 중에 쇼핑하는 것을 좋아한다.

221 _____ing to different countries is a(n) _____.

다른 나라로 여행하는 것은 모험이다.

222 Please check your _____ for your _____ number.

좌석 번호는 승차권을 확인해주세요.

223 Did you _____ _____ on your _____?

너는 여행에서 재미있게 보냈니?

224 He asked for the _____ and _____ with a card.

그는 계산서를 요청했고 카드로 지불했다.

225 You can call the _____ _____ for questions.

문의 사항이 있으면 고객 서비스로 전화하실 수 있습니다.

226 The best part was the _____ near the _____.

가장 좋았던 부분은 해변 근처의 풍경이었다.

DAY

32

스포츠, 운동

- ☐ sport
- ☐ soccer
- ☐ baseball
- ☐ basketball
- ☐ race
- ☐ swim
- ☐ catch
- ☐ hit
- ☐ jump
- ☐ kick
- ☐ win
- ☐ goal
- ☐ score
- ☐ team
- ☐ player
- ☐ coach
- ☐ match
- ☐ exercise
- ☐ gym
- ☐ go v-ing

스포츠, 운동

---

⁶²¹ **sport**

[spɔːrt]

명 스포츠, 운동

· What is your favorite **sport**?
네가 가장 좋아하는 **스포츠**가 무엇이니?

· **sports** day
운동회

---

⁶²² **soccer**

[sákər]

명 축구 (= football)

· He is good at **soccer**.
그는 **축구**를 잘한다.

· He is a big **soccer** fan.
그는 열성 **축구**팬이다.

---

⁶²³ **baseball**

[béisbɔ̀ːl]

명 야구

· a **baseball** bat
야구 방망이

· Dad loves to watch **baseball** games.
아빠는 **야구** 경기 보는 것을 매우 좋아하신다.

---

⁶²⁴ **basketball**

[bǽskitbɔ̀ːl]

명 농구

· a **basketball** court
농구 코트

· Do you want to play **basketball** with us?
우리랑 같이 **농구**할래?

---

⁶²⁵ **race**

[reis]

raced – raced

명 경주 동 경주하다

· She came first in the **race**.
그녀는 **경주**에서 첫 번째로 들어왔다[1등을 차지했다].

· We **raced** to the beach.
우리는 해변까지 **경주했다**.

---

626 swim
[swim]
swam – swum

동 수영하다

- Can you **swim**?
  너 **수영할** 수 있니?
- We **swam** in the lake.
  우리는 호수에서 **수영했다**.

---

627 catch
[kætʃ]
caught – caught

동 잡다

- He tried to **catch** the ball, but missed it.
  그는 그 공을 **잡으려고** 했지만 놓쳤다.

---

628 hit
[hit]
hit – hit

동 1. 치다, 때리다 2. 부딪치다, ~에 맞다

- He **hit** the ball with a bat.
  그는 야구 배트로 공을 **쳤다**.
- The ball **hit** me in the eye.
  그 공이 내 눈에 **맞았다**.

---

629 jump
[dʒʌmp]
jumped – jumped

동 뛰다, 점프하다

- The kids **jumped** into the pool.
  아이들이 수영장으로 **뛰어**들었다.

---

630 kick
[kik]
kicked – kicked

동 (발로) 차다

- He **kicked** the ball into the net.
  그는 골대 안으로 공을 **찼다**.

---

631 win
[win]
won – won

동 1. 이기다 2. (상을) 타다

- Our team **won** the game.
  우리 팀이 경기를 **이겼다**.
- **win** a gold medal
  금메달을 **따다**

➕ **lose** 동 지다

632 goal
[goul]

명 1. 골, 득점   2. 목표

· He made three **goals** in the last game.
그는 지난 경기에서 세 **골**을 기록했다.

· set a **goal**
목표를 세우다

---

633 score
[skɔːr]
scored – scored

명 득점, 점수   동 득점하다

· The final **score** was three to one.
최종 **득점**은 3대 1이었다.

· What's your test **score**?
네 시험 **점수**는 몇 점이니?

· He **scored** two goals in the game.
그는 경기에서 두 골을 **넣었다**.

➕ score a goal 골을 넣다, 득점하다

---

634 team
[tiːm]

명 팀, 단체

· I want to join the school baseball **team**.
나는 그 학교 야구**팀**에 함께 하고 싶다.

---

635 player
[pléiər]

명 선수

· He is a great tennis **player**.
그는 훌륭한 테니스 **선수**이다.

· The **players** wear shirts with numbers.
그 **선수들**은 숫자가 쓰인 셔츠를 입는다.

---

636 coach
[koutʃ]

명 (스포츠 팀의) 코치

· The **coach** watched the players during practice.
그 **코치**는 연습하는 동안 선수들을 지켜보았다.

637 **match**
[mætʃ]

몡 경기

- The soccer **match** ended two to one.
  그 축구 **경기**는 2대 1로 끝났다.

---

638 **exercise**
[éksərsàiz]

exercised – exercised

몡 운동 통 운동하다

- Running is a great **exercise**.
  달리기는 훌륭한 **운동**이다.
- How often do you **exercise**?
  너는 얼마나 자주 **운동하니**?

---

639 **gym**
[dʒim]

몡 체육관

- I joined a **gym** last week.
  나는 지난주에 **체육관**을 등록했다.
- The school will build a new **gym**.
  그 학교는 새로운 **체육관**을 지을 것이다.

교과서 비출 표현

640 **go v-ing**

went – gone

~하러 가다, ~하다
- **go** swim**ming**/hik**ing**/camp**ing**/jog**ging**
  수영/하이킹/캠핑/조깅**하러 가다**

- **More** go v-ing은 주로 시작 또는 끝나는 시간이 정해지지 않은 스포츠나 레저 활동을 나타낼 때 사용해요.
  - Let's **go** skat**ing**. 스케이트 **타러 가자**.
  - I **go** jog**ging** every day. 나는 매일 조깅**한다**.
  - He **goes** swim**ming** every weekend. 그는 주말마다 수영**하러 간다**.
  - We **went** ski**ing** last winter. 우리는 지난겨울에 스키 **타러 갔다**.

VOCA Exercise

정답 p.296

A 빈칸에 알맞은 말을 넣어 어구를 완성하세요.

1 야구 선수   a baseball _____

2 인기 있는 스포츠   a popular _____

3 국가 대표팀   a national _____

4 문을 발로 차다   _____ the door

5 펄쩍펄쩍 뛰다   _____ up and down

B 빈칸에 알맞은 형태를 쓰세요.

1 hit   – (과거형) _____   – (과거분사형) _____

2 win   – (과거형) _____   – (과거분사형) _____

3 catch – (과거형) _____   – (과거분사형) _____

4 swim   – (과거형) _____   – (과거분사형) _____

C 주어진 우리말에 맞게 빈칸에 알맞은 단어를 채워 문장을 완성하세요.

1 너는 더 자주 운동해야 한다.

→ You should _____ more often.

2 그는 마지막 순간에 득점했다.

→ He scored a _____ in the last minute.

3 그 농구부는 새로운 코치가 필요하다.

→ The basketball club needs a new _____.

4 그녀는 경주를 끝마치기 위해 최선을 다했다.

→ She did her best to finish the _____.

DAY

33

건강, 질병

- [ ] sick
- [ ] hurt
- [ ] pain
- [ ] healthy
- [ ] doctor
- [ ] dentist
- [ ] nurse
- [ ] hospital
- [ ] bone
- [ ] habit
- [ ] fever
- [ ] cough
- [ ] headache
- [ ] toothache
- [ ] stomachache
- [ ] runny
- [ ] drug
- [ ] medicine
- [ ] be good for
- [ ] catch[have] a cold

건강, 질병

641 **sick**
[sik]

형 아픈, 병든

· I was **sick** and missed school.
나는 **아파서** 학교를 결석했다.

➕ sick in bed 아파 누워 있는

---

642 **hurt**
[həːrt]
hurt – hurt

동 1. 다치게 하다   2. 아프다

· Sorry. Did I **hurt** you?
미안해. 내가 널 **다치게 했니**?

· I fell and **hurt** my leg.
나는 넘어져서 다리를 **다쳤다**.

· My arm **hurts**.
나는 팔이 **아프다**.

---

643 **pain**
[pein]

명 아픔, 통증

· I have a **pain** in my ear.
나는 귀에 **통증**이 있다.

---

644 **healthy**
[hélθi]

형 1. 건강한   2. 건강에 좋은

· I stay **healthy** by swimming.
나는 수영으로 **건강한** 상태를 유지한다.

· Eat **healthy** food like vegetables.
채소 같은 **건강에 좋은** 음식을 먹어라.

➕ health 명 건강

---

645 **doctor**
[dáktər]

명 의사

· You need to go to the **doctor** now.
너는 지금 **의사**에게 진찰을 받아야 해[병원에 가야 해].

➕ go to the doctor = see a doctor
의사에게 진찰을 받다, 병원에 가다

646 dentist
[déntist]

명 치과 의사

- The **dentist** checked my teeth.
  치과 의사가 내 치아를 검사했다.

---

647 nurse
[nəːrs]

명 간호사

- Doctors and **nurses** work together to save lives.
  의사와 **간호사**는 생명을 구하기 위해 함께 일한다.

---

648 hospital
[háspitəl]

명 병원

- I visited my friend in the **hospital**.
  나는 **병원**에 있는 내 친구를 방문했다.

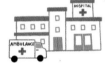

More 주로 종합병원이나 대학병원을 가리키는 말로, 입원 또는 수술을 위해 가는 큰 병원을 의미해요.

흔히 감기와 같은 질병으로 병원에 간다고 할 때는 영어로 go to the hospital보다는 go to the doctor로
표현해요.

- I **went to the doctor** for a cold. 나는 감기로 **의사에게 진찰을 받았다**[병원에 갔었다].

---

649 bone
[boun]

명 뼈

- He broke a **bone** in his leg.
  그는 다리에 **뼈**가 부러졌다[골절했다].

➕ **break a bone** 뼈가 부러지다, 골절하다

---

650 habit
[hǽbit]

명 버릇, 습관

- eating **habits**
  식**습관**

- He has a **habit** of biting his nails.
  그는 손톱을 물어뜯는 **버릇**이 있다.

➕ **a habit of v-ing** ~하는 버릇

651 **fever**
[fíːvər]

명 열, 열병

- She has a high **fever**.
  그는 고열이 난다.

---

652 **cough**
[kɔ(ː)f]
coughed – coughed

동 기침하다 명 기침

- She couldn't stop **coughing**.
  그녀는 기침하는 것을 멈출 수 없었다.

- **cough** syrup
  (물약으로 된) **기침약**

---

653 **headache**
[hédèik]

명 두통

- a bad **headache**
  심한 **두통**

- He rested because he had a **headache**.
  그는 두통이 있어서 쉬었다.

---

654 **toothache**
[túːθeik]

명 치통, 이앓이

- I couldn't eat well because of a **toothache**.
  나는 치통 때문에 잘 먹을 수 없었다.

---

655 **stomachache**
[stʌ́məkèik]

명 복통, 배앓이

- I got a **stomachache** after dinner.
  나는 저녁 식사 후에 배가 아팠다.

More 증상을 나타낼 때 신체부위와 ache(아픔)를 같이 사용해요.

- head(머리) + ache = **headache** 두통
- tooth(이, 치아) + ache = **toothache** 치통, 이앓이
- stomach(위, 복부) + ache = **stomachache** 복통, 배앓이
- back(허리) + ache = **backache** 요통, 허리 아픔

656 runny
[rʌni]

형 (콧물이) 흐르는

- I have a **runny** nose.
  나는 **콧물이 난다**.

---

657 drug
[drʌg]

명 1. 약, 의약품　2. (불법적인) 약물

- make a new **drug**
  신**약**을 개발하다

- take a **drug** test
  약물 검사를 받다

➕ drugstore 명 약국

---

658 medicine
[médəsin]

명 약, 약물

- Take this **medicine** after meals.
  식사 후에 이 **약**을 드세요.

🔄 비교 **Point** drug vs. medicine

drug는 사람의 신체에 영향을 미치는 모든 물질을 가리켜요.
- **drug** use 약물 사용　　　　　　　　- a new **drug** for the disease 질병을 위한 신약

medicine은 '의학'이라는 의미도 있으므로 질병을 치료하고 예방하기 위한 약을 나타내요.
- a cold **medicine** 감기약

교과서 빈출 표현

659 be good for

was[were] – been

~에 좋다

- Tomatoes **are good for** your heart.
  토마토는 심장에 **좋다**.

**660 catch[have]
a cold**

caught – caught
had – had

감기에 걸리다

- Wear a jacket or you'll **catch a cold**.
  재킷을 입어라, 그렇지 않으면 너는 **감기에 걸릴** 것이다.

VOCA Exercise

정답 p.296

A 빈칸에 알맞은 말을 넣어 어구를 완성하세요.

1 건강에 좋은 식사   a _____ meal

2 친절한 간호사   a kind _____

3 허리에 있는 통증   a _____ in the back

4 의사에게 진찰을 받다   go to the _____

5 나쁜 습관을 깨다   break a bad _____

B <보기>에서 알맞은 단어를 골라 문장을 완성하세요.

> <보기>   hurt   hospital   medicine

1 We took her to the _____.

2 My feet _____ from a long walk.

3 This _____ will help your headache.

C 주어진 우리말에 맞게 빈칸에 알맞은 단어를 채워 문장을 완성하세요.

1 나는 치통으로 치과 의사에게 진찰을 받았다.

→ I went to the dentist for my _____.

2 이 차를 마셔라, 그러면 네 기침은 멈출 것이다.

→ Drink this tea, and your _____ will stop.

3 너무 많은 소금은 너에게 좋지 않다.

→ Too much salt is not _____ _____ you.

4 감기 들지 않도록 조심해.

→ Be careful not to _____ _____

_____.

A 주어진 단어를 각각 빈칸에 채워 문장을 완성하세요.

227 The _____ won the final _____. (match, team)

228 I _____ in the _____ every day. (exercise, gym)

229 The _____ _____ the home run. (player, hit)

230 He is the _____ of my _____ team. (soccer, coach)

B <보기>에서 알맞은 단어를 골라 문장을 완성하세요.

<보기>	kicked	healthy	goal	sports
	medicine	scored	hurt	pain

231 I _____ my foot when I _____ the ball.

232 Here is the _____ for your _____.

233 People play _____ to stay _____.

234 The player _____ the winning _____.

C 주어진 우리말에 맞게 다음 빈칸에 알맞은 단어를 쓰세요. (필요시 형태 바꿀 것)

235 I went to the _____ for a _____.

나는 두통 때문에 의사에게 진찰을 받았다.

236 The keeper _____ and _____ the ball.

그 골키퍼는 뛰어서 그 공을 잡았다.

237 During the _____, she fell and _____ her knee.

경주에서 그녀는 넘어져 무릎을 다쳤다.

238 The _____ took care of the _____ children.

그 간호사는 아픈 아이들을 돌보았다.

239 Honey is _____ _____ your _____.

꿀은 기침에 좋다.

240 Do you want to _____ _____?

It'll be good _____.

하이킹하러 갈래? 그것은 좋은 운동이 될 거야.

241 Take this m_____, and the _____ will go down.

이 약을 먹어, 그러면 열이 내릴 거야.

242 He broke a _____ when the ball _____ him in the arm.

공이 그의 팔을 쳤을 때 뼈가 부러졌다.

243 After the _____, the player took a d_____ test.

경기 후에, 그 선수는 약물 검사를 받았다.

DAY 34

미술, 문학

- [ ] create
- [ ] artist
- [ ] artwork
- [ ] paint
- [ ] sketch
- [ ] design
- [ ] museum
- [ ] gallery
- [ ] review
- [ ] culture
- [ ] story
- [ ] magic
- [ ] fairy
- [ ] monster
- [ ] hero
- [ ] novel
- [ ] mystery
- [ ] title
- [ ] poem
- [ ] be based on

미술, 문학

661 **create**
[kriéit]
created – created

동 창조하다*, 창작하다**

(쉬운뜻) *처음 만들어 내다
**예술작품을 독창적으로 지어 내다

· She loves to **create** stories.
그녀는 이야기를 **창작하는** 것을 아주 좋아한다.

---

662 **artist**
[áːrtist]

명 화가, 예술가

· The **artist** draws people on the street.
그 **화가**는 거리에서 사람들을 그린다.

---

663 **artwork**
[ɑ́rtwərk]

명 (특히 박물관의) 미술품

· the **artwork** of Picasso
피카소의 **미술 작품**

· We enjoyed the **artwork** at the art show.
우리는 미술 전시회에서 **미술품**을 즐겼다.

---

664 **paint**
[peint]
painted – painted

명 페인트
동 1. 페인트를 칠하다   2. (물감으로) 그리다

· a can of red **paint**
빨간색 **페인트** 한 통

· He **painted** the wall pink.
그는 벽을 분홍색으로 **페인트칠했다.**

· We **painted** a big rainbow.
우리는 큰 무지개를 **그렸다.**

➕ painter 명 화가
➕ painting 명 그림

⁶⁶⁵ **sketch**
[sketʃ]
sketched – sketched

명 스케치 　동 스케치하다

- I liked his **sketch** of me.
  나는 그가 나를 그린 **스케치**가 좋았다.

- She **sketched** the apple with a pencil.
  그녀는 연필로 사과를 **스케치했다**.

---

⁶⁶⁶ **design**
[dizáin]
designed – designed

명 디자인 　동 디자인하다

- That car's **design** is very unique.
  저 자동차의 **디자인**은 매우 독특하다.

- My sister **designed** this dress.
  내 언니가 이 드레스를 **디자인했다**.

➕ designer 명 디자이너

PART 7

Day
34

---

⁶⁶⁷ **museum**
[mju(:)zí(:)əm]

명 박물관, 미술관

- The **museum** closes on Mondays.
  그 **박물관**은 월요일마다 휴관한다.

- a history **museum**
  역사**박물관**

---

⁶⁶⁸ **gallery**
[gǽləri]

명 미술관, 화랑*

쉬운뜻 *그림 따위의 미술품을 걸어 전시하는 장소

- The art **gallery** had many beautiful paintings.
  그 **미술관**에는 아름다운 그림들이 많았다.

🔄 **비교 Point** museum vs. gallery

museum은 공공시설로, 문화적이고 교육적인 목적으로 전시를 하는 장소라면, gallery는 예술가가 자신의 작품을 판매할 수 있는 개인의 전시 공간이에요.

---

⁶⁶⁹ **review**
[rivjú:]

명 1. 논평*, 비평**
　　2. 복습

쉬운뜻 *사건, 글 등의 내용 평가
**사물을 분석하여 의미와 가치에 대해 의견을 냄

- The movie got good **reviews**.
  그 영화는 좋은 **논평**을 받았다.

- Let's have a **review** before the exam.
  시험 전에 **복습**해 보자.

670 culture
[kʌ́ltʃər]

명 문화

popular **culture**
대중**문화**

Every country has a different **culture**.
모든 나라는 다른 **문화**를 가지고 있다.

---

671 story
[stɔ́:ri]

명 1. **이야기**   2. (건물의) 층

The book tells an interesting **story**.
그 책은 흥미로운 **이야기**를 전한다.

a five-**story** building
5**층** 건물

---

672 magic
[mǽdʒik]

명 마술, 마법   형 마술의

The witch could fly with **magic**.
그 마녀는 **마법**으로 날 수 있었다.

He showed us a **magic** trick.
그는 우리에게 **마술** 묘기를 보여주었다.

➕ **magician** 명 마술사, 마법사

---

673 fairy
[fɛ́əri]

명 요정

Children often believe in **fairies**.
아이들은 흔히 **요정**의 존재를 믿는다.

➕ **fairy tale** 동화

---

674 monster
[mɔ́nstər]

명 (이야기 속) 괴물

a scary **monster**
무서운 **괴물**

He fought the **monster** with many heads.
그는 많은 머리를 가진 **괴물**과 싸웠다.

---

675 hero
[hí(:)ərou]

명 1. 영웅   2. (소설, 영화 등) 남자 주인공

The firefighter is a **hero**.
그 소방관은 **영웅**이다.

The **hero** saved the world.
그 **남자 주인공**이 세상을 구했다.

676 novel
[návəl]

명 소설

· I love the writer's new **novel**.
나는 그 작가의 새 **소설**을 매우 좋아한다.

---

677 mystery
[místəri]

명 1. 수수께끼, 미스터리　2. 추리 소설

· solve a **mystery**
수수께끼를 풀다

· He loves **mysteries** like *Sherlock Homes*.
그는 『셜록 홈즈』와 같은 **추리 소설**을 정말 좋아한다.

---

678 title
[táitl]

명 제목

· What is the **title** of this movie?
이 영화의 **제목**이 무엇이니?

---

679 poem
[póuəm]

명 (한 편의) 시

· read a **poem** out loud
큰 소리로 **시**를 읽다[낭독하다]

· a book of **poems**
시집

➕ poet 명 시인

교과서 빈출 표현

680 be based on

was[were] – been

~에 바탕을 두다, ~에 근거하다

· The movie **is based on** a famous novel.
그 영화는 유명한 소설에 **바탕을 두고 있다**.

VOCA Exercise

정답 p.297

A 빈칸에 알맞은 말을 넣어 어구를 완성하세요.

1 판타지 소설   a fantasy _____

2 나쁜 논평[혹평]   a bad _____

3 책 제목   the _____ of the book

4 그림을 창작하다   _____ a painting

5 드레스를 디자인하다   _____ a dress

B <보기>에서 알맞은 단어를 골라 문장을 완성하세요.

<보기>	hero	museum	poems

1 The _____ closes on Mondays.

2 The _____ of the movie is a police officer.

3 She loves to write short stories and _____.

C 주어진 우리말에 맞게 빈칸에 알맞은 단어를 채워 문장을 완성하세요.

1 나는 친구와 화랑을 방문했다.

→ I visited an art _____ with my friend.

2 그 책은 한국 문화와 예술에 관한 것이다.

→ The book is about Korean _____ and art.

3 그는 역사상 가장 위대한 예술가였다.

→ He was the greatest _____ in history.

4 그녀는 붓과 페인트 한 통을 샀다.

→ She bought a brush and a can of _____.

DAY
35

음악, 대중문화

- [ ] music
- [ ] musical
- [ ] dance
- [ ] singer
- [ ] piano
- [ ] band
- [ ] concert
- [ ] beat
- [ ] stage
- [ ] actor
- [ ] actress
- [ ] comedy
- [ ] drama
- [ ] media
- [ ] radio
- [ ] internet
- [ ] folk
- [ ] clip
- [ ] program
- [ ] a huge fan

음악, 대중문화

681 music
[mjú:zik]

몡 음악

· jazz **music**
재즈 **음악**

· What kind of **music** do you like?
너는 어떤 종류의 **음악**을 좋아하니?

---

682 musical
[mjú:zikəl]

톙 음악의, 음악적인   몡 뮤지컬

· **musical** talent
음악적 재능

· I love watching **musicals**.
나는 **뮤지컬** 보는 것을 아주 좋아한다.

➕ **musical instrument** 악기

---

683 dance
[dæns]
danced – danced

동 춤을 추다   몡 춤, 무용

· The actors **danced** to the music.
배우들은 음악에 맞춰 **춤을 췄다**.

· tap **dance**
탭 댄스

➕ **dancer** 몡 무용수, 댄서

---

684 singer
[síŋər]

몡 가수

· The **singer**'s new song is very popular.
그 **가수**의 신곡은 매우 인기가 있다.

---

685 piano
[piǽnou]

몡 피아노

· My hobby is playing the **piano**.
내 취미는 **피아노**를 연주하는 것이다.

Voca Plus 여러 가지 악기

· **violin** 바이올린
· **flute** 플루트

· **drum** 드럼, 북
· **trumpet** 트럼펫

· **guitar** 기타
· **xylophone** 실로폰

686 band
[bænd]

명 (가수를 중심으로 한) 밴드

She plays the guitar in the **band**.
그녀는 **밴드**에서 기타를 연주한다.

---

687 concert
[kánsə(:)rt]

명 음악회, 콘서트

a rock **concert**
록 **콘서트**

I bought the tickets for the **concert**.
나는 그 **콘서트**의 티켓을 구매했다.

---

688 beat
[bi:t]
beat – beaten

동 1. 이기다   2. 치다, 두드리다
명 박자, 비트

He **beat** me in the singing contest.
그는 노래 대회에서 나를 **이겼다**.

beat the drum
북을 **치다**

The song has a strong **beat**.
그 노래는 강한 **비트**가 있다.

---

689 stage
[steidʒ]

명 무대

Practice more, You'll be fine on **stage**.
더 연습해봐. 너는 **무대**에서 잘할 거야.

---

690 actor
[ǽktər]

명 (남자) 배우

a movie **actor**
영화배우

The **actor** plays the hero in the show.
그 **배우**는 공연에서 남자 주인공을 연기한다.

691 actress
[ǽktris]

명 (여자) 배우

· She is a famous **actress**.
그녀는 유명한 **배우**이다.

---

692 comedy
[kámidi]

명 코미디, 희극*

⟨쉬운뜻⟩ *사회 문제점을 경쾌하게 다룬 연극

· The **comedy** show is so funny.
그 **코미디** 쇼는 매우 재밌다.

➕ **comedian** 명 코미디언, 희극 배우

---

693 drama
[dráːmə]

명 1. 드라마 2. 연극 3. 극적인 사건

· I enjoy watching **dramas** on TV.
나는 TV에 나오는 **드라마**를 보는 것을 즐긴다.

· He joined a **drama** club.
그는 **연극** 동아리에 가입했다.

· Her life was full of **drama**.
그녀의 삶은 **극적인 사건들**로 가득했다.

---

694 media
[míːdiə]

명 미디어, 대중 매체*

⟨쉬운뜻⟩ *많은 사람에게 소식이나 사실을
전달하는 수단

· social **media**
소셜 **미디어**
(의견, 생각 등을 공유하기 위한 온라인 도구)

· the power of the **media**
대중 매체의 힘

---

695 radio
[réidiòu]

명 라디오

· a **radio** station
라디오 방송국

· My favorite song is on the **radio**.
내가 가장 좋아하는 노래가 **라디오**에 나오고 있다.

696 **internet**
[íntərnet]

[명] 인터넷

· People can share many things on the **internet**.
사람들은 **인터넷**에서 많은 것을 공유할 수 있다.

---

697 **folk**
[fouk]

[형] 민속의, 전통적인

· We learned a **folk** song in class.
우리는 수업시간에 **민속** 노래[민요]를 배웠다.

· **folk** village
민속촌

---

698 **clip**
[klip]

[명] 1. 핀, 클립   2. (영상) 클립*

· a hair **clip**
머리 **핀**

· a video **clip**
비디오 **클립**

· We saw a **clip** of the new movie.
우리는 새 영화의 **클립**을 보았다.

쉬운뜻 *영화나 긴 영상에서
편집된 짧은 영상

---

699 **program**
[próugræm]

[명] 프로그램

· My favorite TV **program** will start in a minute.
내가 좋아하는 TV **프로그램**이 곧 시작할 것이다.

교과서 빈출 표현

700 **a huge fan**

열렬한 팬, 광팬

· I am **a huge fan** of the talk show.
나는 그 토크쇼의 **열렬한** 팬이에요.

VOCA Exercise

정답 p.297

A 빈칸에 알맞은 말을 넣어 어구를 완성하세요.

1 록 밴드   a rock _____

2 주 무대   the main _____

3 민속 그림   a _____ painting

4 피아노 수업   a _____ lesson

5 인터넷을 사용하다   use the _____

B <보기>에서 알맞은 단어를 골라 문장을 완성하세요.

<보기>	huge	actress	concert

1 I got a free _____ ticket.

2 He is a _____ fan of yours.

3 The _____ was amazing on stage.

C 주어진 우리말에 맞게 빈칸에 알맞은 단어를 채워 문장을 완성하세요.

1 나는 코미디 쇼를 보는 것을 좋아한다.

→ I like to watch _____ shows.

2 그녀는 테니스에서 나를 이겼다.

→ She _____ me at tennis.

3 뉴스 미디어는 오직 사실만 보도한다.

→ The news _____ only reports facts.

4 그는 어린 나이에 음악적인 재능을 보였다.

→ He showed _____ talent at a young age.

A 주어진 단어를 각각 빈칸에 채워 문장을 완성하세요.

244 He plays the _____ in the _____ . (band, piano)

245 I am a huge _____ of the _____ . (fan, singer)

246 We sang and _____ to the _____ . (danced, music)

247 The _____ didn't look nervous on the _____ .

(stage, actor)

B <보기>에서 알맞은 단어를 골라 문장을 완성하세요.

<보기>	gallery	concert	clip	painted
	design	artist	created	culture

248 The _____ _____ beautiful paintings.

249 She _____ a new _____ for the dress.

250 I watched a video _____ of the _____ .

251 The art _____ is a good place to experience art and

_____ .

C 주어진 우리말에 맞게 다음 빈칸에 알맞은 단어를 쓰세요. (필요시 형태 바꿀 것)

252 The new _____ got great _____.

새 뮤지컬은 좋은 평(들)을 받았다.

253 What is the _____ of the _____?

그 시의 제목이 무엇이니?

254 There are _____ and _____ in old stories.

옛날이야기에는 요정들과 마법이 있다.

255 I like _____, but my brother likes _____.

나는 드라마를 좋아하지만 오빠는 코미디를 좋아한다.

256 The novel is _____ on a true _____.

그 소설은 실제 이야기를 바탕으로 한다.

257 I found a funny video _____ on social _____.

나는 소셜미디어에서 웃긴 비디오 클립을 찾았다.

258 Many people came to see the _____ in the _____.

많은 사람들이 박물관에 있는 그 미술품을 보러 왔다.

259 The TV _____ is about solving some _____.

그 TV프로그램은 수수께끼를 푸는 것에 대한 것이다.

260 She makes a pencil _____ before she _____.

그녀는 물감으로 그리기 전에 연필로 스케치를 한다.

DAY

36

동물

- ☐ animal
- ☐ chicken
- ☐ frog
- ☐ giraffe
- ☐ elephant
- ☐ snake
- ☐ goat
- ☐ sheep
- ☐ deer
- ☐ whale
- ☐ penguin
- ☐ turtle
- ☐ ant
- ☐ bug
- ☐ spider
- ☐ eagle
- ☐ owl
- ☐ camel
- ☐ donkey
- ☐ zebra

---

701 **animal**
[ǽnəməl]

명 동물

- Every **animal** needs love and care.
  모든 **동물**은 사랑과 보살핌이 필요하다.

---

702 **chicken**
[tʃíkən]

명 1. 닭   2. 닭고기

- The farmer feeds **chickens**.
  그 농부는 **닭**에게 먹이를 준다.

- a fried **chicken**
  튀긴 **닭고기**[프라이드치킨]

➕ hen 명 암탉
➕ rooster 명 수탉

---

703 **frog**
[frɔːg]

명 개구리

- **Frogs** can live on land and in water.
  개구리는 육지와 물속에서 살 수 있다.

---

704 **giraffe**
[dʒərǽf]

명 기린

- **Giraffes** can grow about 5 m tall.
  기린은 약 5m 높이로 자랄 수 있다.

---

705 **elephant**
[éləfənt]

명 코끼리

- **Elephants** spend 16 hours a day eating.
  코끼리는 하루에 16시간을 먹는 데 보낸다.

⁷⁰⁶ **snake**
[sneik]

명 뱀

Snakes smell with their tongues.
뱀은 혀로 냄새를 맡는다.

---

⁷⁰⁷ **goat**
[gout]

명 염소

People keep **goats** for milk.
사람들은 우유를 얻기 위해 **염소**를 기른다.

The **goat** easily jumped over the fence.
그 **염소**는 울타리를 쉽게 뛰어넘었다.

---

⁷⁰⁸ **sheep**
[ʃiːp]
복수형 sheep

명 양

We make clothes with wool from **sheep**.
우리는 **양**의 털로 옷을 만든다.

➕ lamb 명 어린 양

---

⁷⁰⁹ **deer**
[diər]
복수형 deer

명 사슴

Deer have a great sense of hearing.
사슴은 뛰어난 청각을 가지고 있다.

---

⁷¹⁰ **whale**
[weil]

명 고래

Whales live deep in the ocean.
고래는 바다 깊은 곳에서 산다.

⁷¹¹ **penguin**
[péŋgwin]

명 펭귄

· **Penguins** can swim, but they can't fly.
펭귄은 수영할 수 있지만, 날 수 없다.

---

⁷¹² **turtle**
[tə́ːrtl]

명 거북이

· Sea **turtles** lay eggs in the sand.
바다**거북**은 모래에서 알을 낳는다.

---

⁷¹³ **ant**
[ænt]

명 개미

· **Ants** live in large groups.
개미는 거대한 무리를 지어 산다.

---

⁷¹⁴ **bug**
[bʌg]

명 곤충, 벌레

· I hate **bugs** with wings.
나는 날개 달린 **곤충**을 싫어한다.

---

⁷¹⁵ **spider**
[spáidər]

명 거미

· **Spiders** catch food with their webs.
거미는 거미줄로 먹이를 잡는다.

716 eagle
[íːgl]

명 독수리

· **Eagles** can see things from 3 km away.
독수리는 3km 떨어진 곳에서 사물을 볼 수 있다.

---

717 owl
[aul]

명 부엉이, 올빼미

· **Owls** can see well in the dark.
부엉이는 어둠 속에서 잘 볼 수 있다.

---

718 camel
[kǽməl]

명 낙타

· **Camels** can live up to 50 years.
낙타는 50년까지 살 수 있다.

---

719 donkey
[dáŋki]

명 당나귀

· **Donkeys** look like horses with long ears.
당나귀는 긴 귀를 가진 말처럼 생겼다.

---

720 zebra
[zíːbrə]

명 얼룩말

· **Zebras** have black and white stripes.
얼룩말은 흑백 줄무늬가 있다.

VOCA Exercise

정답 p 296

A 빈칸에 알맞은 말을 넣어 어구를 완성하세요.

1 거미줄   a _____ web

2 거대한 고래   a huge _____

3 야생 동물   a wild _____

4 양을 기르다   raise _____

5 뱀 가죽   _____ skin

B 각 동물에 알맞은 설명을 연결하세요.

1 Giraffes   •   • (a) have big ears.

2 Elephants   •   • (b) move very slowly.

3 Turtles   •   • (c) have a long neck.

4 Frogs   •   • (d) eat small bugs.

C 주어진 우리말에 맞게 빈칸에 알맞은 단어를 채워 문장을 완성하세요. (모두 복수로 쓸 것)

1 독수리는 높은 속도로 날 수 있다.

→ _____ can fly at high speeds.

2 낙타는 등에 혹이 있다.

→ _____ have humps on their backs.

3 펭귄은 보통 추운 지역에 산다.

→ _____ usually live in cold places.

4 그 농부는 염소로부터 우유를 얻는다.

→ The farmer gets milk from the _____.

DAY
37

동식물 묘사

- [ ] grow
- [ ] life
- [ ] die
- [ ] wing
- [ ] tail
- [ ] fur
- [ ] trunk
- [ ] farm
- [ ] nest
- [ ] lay
- [ ] plant
- [ ] rose
- [ ] leaf
- [ ] mushroom
- [ ] worm
- [ ] pick
- [ ] hunt
- [ ] wild
- [ ] feed
- [ ] live on

---

721 **grow**
[grou]
grew – grown

동 1. 자라다　2. 기르다, 재배하다

· Flowers need water to **grow**.
꽃은 **자라기** 위해 물이 필요하다.

· She **grows** some vegetables in her garden.
그녀는 정원에서 몇몇 채소를 **기른다**.

---

722 **life**
[laif]

명 생명, 삶

· **life** and death
삶과 죽음

· Is there **life** in space?
우주에도 **생명**이 있을까?

---

723 **die**
[dai]
died – died

동 죽다

· Water the plant every day, or it'll **die**.
그 식물에 매일 물을 주어라, 그렇지 않으면 **죽을** 것이다.

---

724 **wing**
[wiŋ]

명 날개

· The butterfly has colorful **wings**.
그 나비는 형형색색의 **날개**가 있다.

---

725 **tail**
[teil]

명 꼬리

· Beavers use their **tails** for swimming.
비버는 수영하는 데 **꼬리**를 사용한다.

---

726 fur
[fə:r]

몡 털

- The cat's **fur** was soft.
  그 고양이의 **털**은 부드러웠다.

---

727 trunk
[trʌŋk]

몡 1. (코끼리의) 코　2. (나무) 줄기

- Elephants use their **trunks** to drink water.
  코끼리는 물을 마시기 위해 **코**를 사용한다.

- This tree saves water in its **trunk**.
  이 나무는 **줄기**에 물을 저장한다.

---

728 farm
[fɑ:rm]

몡 농장

- The farmer was working on the **farm**.
  그 농부는 **농장**에서 일하고 있었다.

- We saw **farm** animals like cows and chickens.
  우리는 소와 닭 같은 **농장** 동물들을 보았다.

➕ farmer 몡 농부

---

729 nest
[nest]

몡 둥지

- The bird built the **nest** in the tree.
  그 새는 나무에 **둥지**를 지었다.

---

730 lay
[lei]
laid – laid

동 1. (알을) 낳다　2. 놓다, 두다

- Hens can **lay** eggs every day.
  암탉은 매일 달걀을 **낳을** 수 있다.

- He **laid** the towel over the chair.
  그는 의자 위에 수건을 **두었다**.

731 **plant**
[plænt]
planted – planted

［명］ 식물 ［동］ 심다

- Most **plants** need sunlight.
대부분의 **식물**은 햇빛이 필요하다.

- **Planting** trees is important for the future.
나무 **심기**는 미래를 위해 중요하다.

---

732 **rose**
[rouz]

［명］ 장미

- **Roses** come in many different colors.
장미는 많은 다양한 색깔로 나온다.

---

733 **leaf**
[liːf]

［명］ (나뭇)잎

- The **leaves** became dry and brown.
나뭇잎이 마르고 갈색이 되었다.

---

734 **mushroom**
[mʌʃru(ː)m]

［명］ 버섯

- We found some **mushrooms** under the tree.
우리는 나무 아래에서 **버섯**을 조금 발견했다.

---

735 **worm**
[wəːrm]

［명］ 벌레

- The bird eats small **worms**.
그 새는 작은 **벌레**를 먹는다.

More worm은 주로 지렁이와 같이 다리가 없는 작은 벌레를, bug는 다리가 여러 개 있는 곤충을 의미해요.
곤충을 말할 땐 일반적으로 bug를 사용해요.

736 **pick**
[pik]
picked – picked

동 1. 고르다, 뽑다   2. 따다, 꺾다

· **Pick** a number from 1 to 10.
1부터 10중에서 숫자 하나를 **골라봐**.

· We **picked** apples from the trees.
우리는 나무에서 사과를 **땄다**.

737 **hunt**
[hʌnt]
hunted – hunted

동 사냥하다   명 사냥

· Lions sometimes **hunt** alone.
사자는 가끔 혼자 **사냥한다**.

· The world should stop whale **hunts**.
세계는 고래 **사냥**을 중단해야 한다.

738 **wild**
[waild]

형 야생의   명 야생

· We should protect **wild** animals.
우리는 **야생** 동물을 보호해야 한다.

· The deer in the zoo will go back to the **wild**.
동물원에 있는 사슴들은 **야생**으로 돌아갈 것이다.

739 **feed**
[fiːd]
fed – fed

동 1. 먹이다   2. 먹이를 주다

· She **is feeding** her baby.
그녀는 자신의 아기를 **먹이는 중이다**.

· Don't **feed** pigeons in the park.
공원에 있는 비둘기에게 **먹이를 주지** 마시오.

교과서 빈출 표현

740 **live on**
lived – lived

~을 먹고 살다

· Giant pandas **live on** bamboo.
대왕판다는 대나무**를 먹고 산다**.

VOCA Exercise

정답 p.298

A 빈칸에 알맞은 말을 넣어 어구를 완성하세요.

1 야생화 　　　　　　　　　　＿＿＿＿＿＿＿＿＿＿ flowers

2 빈 둥지 　　　　　an empty ＿＿＿＿＿＿＿＿＿＿

3 딸기를 따다 　　　　　＿＿＿＿＿＿＿＿＿＿ strawberries

4 소에게 먹이를 주다 　　　＿＿＿＿＿＿＿＿＿＿ the cows

5 책을 책상 위에 놓다 　　＿＿＿＿＿＿＿＿＿＿ a book on the desk

B <보기>에서 알맞은 단어를 골라 문장을 완성하세요.

<보기>　　trunk	wings	fur

1 I brushed my dog's ＿＿＿＿＿＿＿＿＿.

2 The eagle hurt its ＿＿＿＿＿＿＿＿＿.

3 There is a small hole in the tree ＿＿＿＿＿＿＿＿＿.

C 주어진 우리말에 맞게 빈칸에 알맞은 단어를 채워 문장을 완성하세요.

1 빨간 장미는 사랑을 의미한다.

→ A red ＿＿＿＿＿＿＿＿＿ means love.

2 부엉이는 대개 밤에 사냥을 한다.

→ Owls usually ＿＿＿＿＿＿＿＿＿ at night.

3 내 개는 짧은 꼬리를 가지고 있다.

→ My dog has a short ＿＿＿＿＿＿＿＿＿.

4 우리는 내일 꽃을 심을 것이다.

→ We will ＿＿＿＿＿＿＿＿＿ flowers tomorrow.

DAY 38

자연, 자연 장소

- ☐ lake
- ☐ river
- ☐ pond
- ☐ air
- ☐ land
- ☐ hill
- ☐ mountain
- ☐ nature
- ☐ ground
- ☐ grass
- ☐ rock
- ☐ stone
- ☐ island
- ☐ wave
- ☐ sand
- ☐ desert
- ☐ field
- ☐ wood
- ☐ forest
- ☐ jungle

DAY 38

자연, 자연 장소

---

741 lake
[leik]

명 호수

· There were a few boats on the **lake**.
호수 위에 몇 척의 보트가 있었다.

---

742 river
[rívər]

명 강

· There is a bridge over the **river**.
강 위에 다리가 있다.

---

743 pond
[pɑnd]

명 연못

· How deep is this **pond**?
이 **연못**은 얼마나 깊은가요?

---

744 air
[ɛər]

명 공기

· Let's get some fresh **air** in the mountains.
산에서 신선한 **공기**를 마시자.

---

745 land
[lænd]

명 육지, 땅

· The elephant is the biggest **land** animal.
코끼리는 가장 큰 **육지** 동물이다.

· Penguins are fast in water, but slow on **land**.
펭귄은 물속에서 빠르지만, **땅**에서는 느리다.

---

746 hill
[hil]

명 언덕

- The ball rolled down the **hill**.
  공이 **언덕** 아래로 굴러 내려갔다.

- I watched the sunset from the **hills**.
  나는 **언덕**에서 일몰을 보았다.

747 mountain
[máuntən]

명 산

- We climb a **mountain** every weekend.
  우리는 주말마다 **등산**을 한다.

748 nature
[néitʃər]

명 자연

- You can experience **nature** by camping.
  당신은 캠핑을 통해 **자연**을 경험할 수 있다.

749 ground
[graund]

명 땅, 토양

- fall to the **ground**
  땅으로 떨어지다

- They planted a tree in the **ground**.
  그들은 **땅**에 나무를 심었다.

750 grass
[græs]

명 풀, 잔디

- It's time to cut the **grass**.
  잔디를 깎을 때이다.

- Please keep off the **grass**.
  잔디에 들어가지 마세요.

751 rock
[rɑk]

몡 1. 바위, 암석 2. 록 (음악)

· The ship hit a **rock** and got stuck.
그 배는 **바위**에 부딪혀 끼었다.

· He enjoys listening to **rock** music.
그는 **록** 음악을 듣는 것을 즐긴다.

752 stone
[stoun]

몡 돌, 돌멩이

· Don't throw a **stone** at the window.
창문에 **돌**을 던지지 마라.

753 island
[áilənd]

몡 섬

· We stayed on the **island** for a week.
우리는 그 **섬**에 일주일 간 머물렀다.

754 wave
[weiv]

몡 파도, 물결

· A huge **wave** hit the village on the island.
거대한 **파도**가 섬에 있는 마을을 강타했다.

755 sand
[sænd]

몡 모래

· The children are playing in the **sand**.
아이들이 **모래**에서 놀고 있다.

756 **desert**
[dézərt]

명 사막

- It doesn't often rain in **deserts**.
  사막에는 비가 자주 오지 않는다.
- **Desert** plants can live with little water.
  사막 식물은 적은 양의 물로도 살 수 있다.

---

757 **field**
[fiːld]

명 1. 들판, 밭   2. 경기장

- Horses are running on the **field**.
  말들이 **들판**에서 달리고 있다.
- The city built a new soccer **field**.
  그 도시는 새 축구 **경기장**을 건설했다.

---

758 **wood**
[wud]

명 1. 나무, 목재*   2. (-s) 숲   쉬운뜻 *건축, 가구 등에 쓰는 나무로 된 재료

- He made a chair with **wood**.
  그는 **나무**로 의자를 만들었다.
- We enjoyed walking in the **woods**.
  우리는 **숲**을 걷는 것을 즐겼다.

---

759 **forest**
[fɔ́(ː)rist]

명 숲

- We got lost in the **forest**.
  우리는 **숲**에서 길을 잃었다.
- He likes watching birds in the **forest**.
  그는 **숲**에서 새들을 보는 것을 좋아한다.

---

760 **jungle**
[dʒʌ́ŋgl]

명 밀림, 정글

- The **jungle** is home to many animals.
  정글은 많은 동물들의 서식지이다.

🔄 **비교 Point** woods vs. forest vs. jungle

모두 숲, 밀림을 의미하지만 크기, 기후, 그리고 나무가 얼마나 무성하게 있는지에 따라 달라요.
woods는 forest보다 작은 숲이며, forest는 60% 이상 나무가 차지하는 숲을 나타내요.
jungle은 다른 말로 rainforest(열대우림)라고도 하며 여러 forest를 합친 만큼 큰 우림을 가리켜요.
규모: woods < forest < jungle[rainforest]

VOCA Exercise

정답 p.298

A   빈칸에 알맞은 말을 넣어 어구를 완성하세요.

1   건조한 토양   dry _____

2   자연을 즐기다   enjoy _____

3   무거운 돌   a heavy _____

4   모래성   a _____ castle

5   산 정상   a _____ top

B   빈칸 (a)와 (b)에 공통으로 들어갈 단어를 쓰세요.

1   (a) We visited the corn _____.   우리는 그 옥수수 밭을 방문했다.

    (b) They went to the baseball _____.   그들은 야구장에 갔다.

2   (a) They sat on a big _____.   그들은 큰 바위 위에 앉았다.

    (b) He will go to the _____ concert.   그는 록 콘서트에 갈 것이다.

C   주어진 우리말에 맞게 빈칸에 알맞은 단어를 채워 문장을 완성하세요.

1   그 섬에는 아무도 살지 않는다.

    → No one lives on the _____.

2   그 강은 길이가 약 100km이다.

    → The _____ is about 100 km long.

3   오리 한 마리가 호수에서 헤엄치고 있었다.

    → A duck was swimming on the _____.

4   산속의 공기는 정말 상쾌했다.

    → The _____ in the mountain was so fresh.

A 주어진 단어를 각각 빈칸에 채워 문장을 완성하세요.

261 This _____ _____ well in warm areas.

(plant, grows)

262 The _____ jumped into the _____. (frog, pond)

263 Some _____ use their _____ for balance.

(tails, animals)

264 In _____, people ride on _____. (camels, deserts)

B <보기>에서 알맞은 단어를 골라 문장을 완성하세요.

<보기>	dying	waves	field	island
	woods	laid	sheep	nest
	life	air		

265 The bird _____ its eggs in the _____.

266 Many surfers love the big _____ on the _____.

267 We went to the _____ for fresh _____.

268 Sea _____ is _____ because of pollution.

269 _____ were eating grass on the _____.

C 주어진 우리말에 맞게 다음 빈칸에 알맞은 단어를 쓰세요. (필요시 형태 바꿀 것)

270 Most birds _____ _____ bugs like

_____.

대부분의 새들은 땅벌레와 같은 벌레를 먹고 산다.

271 _____ use their _____ to swim.

펭귄들은 수영하기 위해 날개를 사용한다.

272 The _____ of some _____ changes color.

어떤 동물들의 털은 색이 바뀐다.

273 Let's protect _____ and _____ for the future.

미래를 위해 생명과 자연을 보호하자.

274 Do not _____ animals or _____ flowers.

동물들에게 먹이를 주거나 꽃을 꺾지 마시오.

275 _____ use their _____ for almost everything.

코끼리들은 거의 모든 것에 그들의 코를 사용한다.

276 _____ usually _____ in dark and wet places.

버섯은 대개 어둡고 축축한 곳에서 자란다.

277 _____ _____ with strong wings and sharp eyes.

독수리들은 강한 날개와 날카로운 눈으로 사냥한다.

278 Many _____ animals like _____ live in forests.

사슴과 같은 많은 야생 동물들은 숲에서 산다.

DAY
39

날씨, 계절

- [ ] sunny
- [ ] cloudy
- [ ] clear
- [ ] hot
- [ ] cold
- [ ] warm
- [ ] cool
- [ ] windy
- [ ] foggy
- [ ] heat
- [ ] rain
- [ ] snow
- [ ] rainbow
- [ ] weather
- [ ] spring
- [ ] summer
- [ ] fall
- [ ] winter
- [ ] season
- [ ] at first

날씨, 계절

---

761 **sunny**
[sʌ́ni]

형 화창한, 맑은
- It's **sunny** today.
  오늘은 (날씨가) **화창하다.**

---

762 **cloudy**
[kláudi]

형 흐린, 구름이 낀
- It will be **cloudy** tomorrow.
  내일은 **흐릴** 것이다.
➕ cloud 명 구름

---

763 **clear**
[kliər]

형 (날씨가) 맑은
- The sky is **clear.**
  하늘이 **맑다.**

---

764 **hot**
[hɑt]

형 1. 더운, 뜨거운   2. 매운
- It gets very **hot** in August.
  8월에는 정말 **더워진다.**
- We added **hot** pepper on the pizza.
  우리는 피자에 **매운** 고추를 넣었다.

---

765 **cold**
[kould]

형 차가운, 추운   명 감기
- It was really **cold** in the morning.
  아침에 정말 **추웠다.**
- catch[have] a **cold**
  감기에 걸리다

⁷⁶⁶ **warm**

[wɔːrm]

형 따뜻한

- It was nice and **warm** yesterday.
  어제 날씨가 좋고 **따뜻했다**.

- It is so **warm** near the campfire.
  모닥불 근처는 매우 **따뜻하다**.

---

⁷⁶⁷ **cool**

[kuːl]

형 1. 시원한, 서늘한   2. 멋진

- It gets **cool** at night.
  밤에는 (날씨가) **서늘해진다**.

- This movie is really **cool**.
  이 영화는 정말로 **멋지다**.

---

⁷⁶⁸ **windy**

[wíndi]

형 바람이 많이 부는

- We flew kites on a **windy** day.
  우리는 **바람이 많이 부는** 날에 연을 날렸다.

➕ wind 명 바람

---

⁷⁶⁹ **foggy**

[fɔ́gi]

형 안개 낀

- It gets **foggy** near the river.
  강 근처에 **안개가 낀다**.

- **foggy** conditions
  안개 낀 상태

➕ fog 명 안개

---

⁷⁷⁰ **heat**

[hiːt]

heated – heated

명 1. 열, 열기   2. 더위   동 뜨겁게 하다, 데우다

- The **heat** from the sun was too hot.
  태양에서 나오는 **열기**가 너무 뜨거웠다.

- Drink water more often in the **heat**.
  더위 속에서는 물을 더 자주 마셔라.

- Can you **heat** this milk?
  이 우유 좀 **데워** 주시겠어요?

771 **rain**
[rein]
rained – rained

명 비   동 비가 오다

- She likes walking in the **rain**.
  그녀는 **빗속을** 걷는 것을 좋아한다.
- It will **rain** a lot today.
  오늘 **비가** 많이 **올** 것이다.
- ➕ rainy 형 비가 오는

772 **snow**
[snou]
snowed – snowed

명 눈   동 눈이 오다

- The **snow** covered the city.
  눈이 도시를 덮었다.
- It's **snowing** outside.
  밖에 **눈이** 내리고 있다.
- ➕ snowy 형 눈이 내리는

773 **rainbow**
[réinbòu]

명 무지개

- The **rainbow** came out after the rain.
  비가 온 뒤 **무지개가** 나왔다.

774 **weather**
[wéðər]

명 날씨

- How's the **weather** today?
  (= What's the **weather** like today?)
  오늘 **날씨가** 어때요?

775 **spring**
[spriŋ]

명 봄

- Many plants start to grow in **spring**.
  봄에는 많은 식물들이 자라기 시작한다.

776 summer
[sʌ́mər]

⟨명⟩ 여름

- I enjoy swimming in **summer**.
  나는 **여름**에 수영하는 것을 즐긴다.

---

777 fall
[fɔːl]
fell – fallen

⟨명⟩ 가을 (= autumn)　⟨동⟩ 떨어지다

- Leaves change colors in **fall**.
  가을에는 나뭇잎들이 색깔을 바꾼다.

- The apple doesn't **fall** far from the tree.
  사과는 나무로부터 멀리 **떨어지지** 않는다. (피는 못 속인다, 부전자전)
  (영어 속담)

---

778 winter
[wintər]

⟨명⟩ 겨울

- He enjoys **winter** sports like skiing.
  그는 스키 같은 **겨울** 스포츠를 즐긴다.

---

779 season
[síːzn]

⟨명⟩ 1. 계절　2. 철*, 시기　**쉬운뜻** *일 년 중 어떤 일을 하기에 적절한 때

- South Korea has four **seasons**.
  대한민국에는 사**계절**이 있다.

- the rainy **season**
  장마**철**[우기]

교과서 빈출 표현

780 at first

처음에는

- It was cloudy **at first**, but sunny after.
  처음에는 흐렸지만, 이후에는 맑아졌다.

VOCA Exercise

정답 p.298

A 빈칸에 알맞은 말을 넣어 어구를 완성하세요.

1 여름휴가   _____ vacation

2 매운 소스   _____ sauce

3 형형색색의 무지개   a colorful _____

4 겨울 코트   a _____ coat

5 멋진 자전거   a _____ bike

B <보기>에서 알맞은 단어를 골라 문장을 완성하세요.

<보기>	weather	rain	warm

1 We sat close and stayed _____.

2 The _____ will start soon. Let's get inside.

3 The _____ was perfect during the trip.

C 주어진 우리말에 맞게 빈칸에 알맞은 단어를 채워 문장을 완성하세요.

1 나는 화창한 하늘을 올려다봤다.

→ I looked up at the _____ sky.

2 더위 속에 너무 오래 머물지 마라.

→ Do not stay too long in the _____.

3 흰 눈이 산을 덮었다.

→ White _____ covered the mountains.

4 안개 낀 날에는 천천히 운전해라.

→ Drive slowly on a _____ day.

DAY

40

사회, 세계

- [ ] earth
- [ ] world
- [ ] country
- [ ] nation
- [ ] area
- [ ] ocean
- [ ] help
- [ ] build
- [ ] save
- [ ] oil
- [ ] gas
- [ ] energy
- [ ] waste
- [ ] garbage
- [ ] war
- [ ] peace
- [ ] step
- [ ] protect
- [ ] harmony
- [ ] in need

사회, 세계

---

781 **earth**
[ə:rθ]

명 지구

· The **Earth** is getting warmer.
지구가 점점 더워지고 있다.

---

782 **world**
[wə:rld]

명 세계

· My dream is to travel around the **world**.
내 꿈은 **세계** 곳곳을 여행하는 것이다.

---

783 **country**
[kʌntri]

명 1. 나라, 국가　2. 시골

· I dream of living in a different **country**.
나는 다른 **나라**에서 사는 것을 꿈꾼다.

· We moved from the **country** to the city.
우리는 **시골**에서 도시로 이사했다.

---

784 **nation**
[néiʃən]

명 1. 국가　2. (한 국가의 전체) 국민

· France is a **nation** in Europe.
프랑스는 유럽의 한 **국가**이다.

· The **nation** cheered for the soccer team.
국민 전체가 그 축구팀을 응원했다.

🔔 **비교 Point**　country vs. nation

country는 지리학적으로 영토를 강조하고, nation은 동일한 문화를 가진 민족임을 강조해요.
· He visited many **countries**.　그는 많은 **나라**를 방문했다.
· Studying our **nation**'s history is important.　우리 **국가**의 역사를 공부하는 것은 중요하다.

---

785 **area**
[ɛ́əriə]

명 1. 지역　2. (특정 용도의) 구역

· Coffee plants grow well in African **areas**.
커피나무는 아프리카 **지역**에서 잘 자란다.

· This is a non-smoking **area**.
이곳은 금연 **구역**이다.

786 ocean
[óuʃən]

명 바다, 대양
- The ship sailed across the **ocean**.
  그 배는 **바다**를 항해했다.
- the Pacific **Ocean**
  태평**양**

787 help
[help]
helped – helped

동 돕다, 거들다   명 도움
- Can you **help** me?
  나 좀 **도와줄** 수 있니?
- I need your **help**.
  나는 네 **도움**이 필요해.

PART 8
Day
40

788 build
[bild]
built – built

동 (건물을) 짓다, 건축하다
- He **built** his house with wood.
  그는 나무로 자신의 집을 **지었다**.
- ⊕ building 명 건물

789 save
[seiv]
saved – saved

동 1. 구하다   2. (돈을) 모으다   3. 아끼다, 절약하다
- The doctor **saved** our lives.
  그 의사가 우리의 생명을 **구했다**.
- **I'm saving** money for a computer.
  나는 컴퓨터를 사기 위해 돈을 **모으는 중이다**.
- Let's **save** water for the future.
  미래를 위해 물을 **절약하자**.

790 oil
[ɔil]

명 기름, 석유
- Add **oil** to the pan.
  팬에 **기름**을 넣어라.
- The price of **oil** changes every day.
  석유의 가격은 매일 달라진다.

791 gas
[gæs]

图 1. 기체, 가스　　2. 휘발유 (= gasoline)

- Many buses run on natural **gas**.
많은 버스들은 천연**가스**를 연료로 달린다.

- The car needs **gas**.
그 차는 **휘발유**가 필요하다.

➕ gas station　주유소

---

792 energy
[énərdʒi]

图 1. 에너지　　2. 활기, 기운

- Plants use the **energy** from the sun.
식물은 태양으로부터 나오는 **에너지**를 사용한다.

- She is full of **energy**.
그녀는 **활기**가 넘친다.

---

793 waste
[weist]
wasted – wasted

동 낭비하다　图 1. 낭비　　2. 쓰레기

- Don't **waste** your money on clothes.
옷에 돈을 **낭비**하지 마라.

- What a **waste** of time!
얼마나 시간 **낭비**인가!

- Water bottles create too much plastic **waste**.
생수병은 너무 많은 플라스틱 **쓰레기**를 만들어 낸다.

---

794 garbage
[gáːrbidʒ]

图 쓰레기

- Can you take the **garbage** out, please?
당신이 **쓰레기**를 좀 버려줄 수 있나요?

🔵 **비교 Point**　trash vs. waste vs. garbage

trash는 일상생활에서 발생하는 일반적인 쓰레기를 의미하며, waste는 주로 작업 후에 못쓰게 되어 버려지는 폐기물을 의미해요. garbage는 주방에서 발생하는 음식물 쓰레기나 욕실에서 나오는 휴지 등을 나타낸답니다.

• **trash** can　쓰레기통　　• **waste** water　폐수　　• **garbage** bag　음식물 쓰레기봉투

---

795 war
[wɔːr]

图 전쟁

- Many people lost their families in the **war**.
많은 사람들이 **전쟁**으로 가족들을 잃었다.

796 **peace**
[piːs]

⊞ 평화

- We hope for world **peace**.
  우리는 세계 **평화**를 희망한다.

- She found **peace** through yoga.
  그녀는 요가를 통해 **평화**를 찾았다.

➕ **peaceful** ⊞ 평화로운

---

797 **step**
[step]

⊞ 1. (발)걸음 2. 단계

- I took a **step** back.
  나는 뒤로 한 **걸음** 갔다.

- The first **step** in cooking is washing your hands.
  요리의 첫 번째 **단계**는 손을 씻는 것이다.

---

798 **protect**
[prətékt]
protected – protected

⊞ 보호하다, 지키다

- Let's **protect** the forests from fires.
  화재로부터 숲을 **보호하자**.

---

799 **harmony**
[háːrməni]

⊞ 조화, 화합*

🔵쉬운뜻 *화목하게 어울림

- We should live in **harmony** with nature.
  우리는 자연과 **조화**를 이루며 살아야 한다.

교과서 빈출 표현

800 **in need**

어려움에 처한

- The volunteers helped the people **in need**.
  자원봉사자들은 **어려움에 처한** 사람들을 도와주었다.

VOCA Exercise

정답 p 298

A 빈칸에 알맞은 말을 넣어 어구를 완성하세요.

1 주차 구역   a parking _____

2 가스 난방기   a _____ heater

3 세계 곳곳   around the _____

4 서로 돕다   _____ each other

5 아이들을 보호하다   _____ children

B <보기>에서 알맞은 단어를 골라 문장을 완성하세요.

> <보기>   harmony   garbage   peaceful

1 The bin is full of _____ .

2 We live in a _____ country.

3 The band played in perfect _____ .

C 주어진 우리말에 맞게 빈칸에 알맞은 단어를 채워 문장을 완성하세요.

1 불을 꺼서 에너지를 절약해라.

→ Save _____ by turning off lights.

2 그 계획의 다음 단계는 무엇이니?

→ What is the next _____ of the plan?

3 내 부모님은 조용한 시골 생활을 즐기신다.

→ My parents enjoy a quiet _____ life.

4 지구는 태양으로부터 떨어진 세 번째 행성이다.

→ The _____ is the third planet from the sun.

DAY 39-40
Review

정답 p.298

A 주어진 단어를 각각 빈칸에 채워 문장을 완성하세요.

279 My favorite _____ is _____. (summer, season)

280 It's always cold in some _____ of the _____.
(country, areas)

281 In _____, it becomes dry and _____. (cool, fall)

282 Be careful when you _____ on the _____.
(snow, step)

B <보기>에서 알맞은 단어를 골라 문장을 완성하세요.

<보기>	world	earth	waste	warm
	protect	save	weather	helping

283 Do not _____ water. Let's _____ it.

284 The _____ started to get sunny and _____.

285 We can make a better _____ by _____ others.

286 The _____ is our planet, and we must _____ it.

C 주어진 우리말에 맞게 다음 빈칸에 알맞은 단어를 쓰세요. (필요시 형태 바꿀 것)

287 We need _____ and _____ in our world.

우리 세계에는 평화와 조화가 필요하다.

288 _____ is the _____ of new beginnings.

봄은 새로운 시작의 계절이다.

289 _____ _____, I was scared to take

the next _____.

처음에는, 나는 다음 단계로 나아가는 것이 무서웠다.

290 Many people use _____ to _____ their homes.

많은 사람들은 집을 따뜻하게 하기 위해 가스를 사용한다.

291 Every _____ hopes for a future with no _____.

모든 나라는 전쟁이 없는 미래를 바란다.

292 Plastic _____ kills many animals in the _____.

플라스틱 쓰레기는 여러 바다에 있는 많은 동물들을 죽인다.

293 It was _____ at first, but soon it became _____.

처음에는 화창했지만, 곧 날씨가 흐려졌다.

294 We can _____ _____ by riding bikes.

우리는 자전거를 탐으로써 에너지를 절약할 수 있다.

295 The volunteers _____ homes for people _____

_____.

자원봉사자들은 어려움에 처한 사람들을 위해 집을 지었다.

ANSWERS

1001 sentences
VOCA

DAY 01

p.18

A 1 children 2 handsome 3 hair
4 beautiful 5 tall
B 1 cute 2 person 3 finger
C 1 hand 2 skin 3 face
4 people

해석

B 1 그는 귀여운 미소를 가지고 있다.
2 너는 이 사람을 아니?
3 그녀의 손가락에 있는 반지를 봐.

DAY 02

p.24

A 1 rich 2 strong 3 age
4 thirsty 5 name
B 1 quiet 2 busy 3 old
C 1 kind 2 are[come], from
3 was, born 4 hungry

해석

B 1 그녀는 수줍음이 많고 조용하다.
2 아빠는 직장에서 바쁘시다.
3 내 남동생은 11살이다.

DAY 01-02
1001 Sentences Review

pp.25-26

A 001 smart, age 002 cute, name
003 famous, old
004 child, was, born
B 005 kind, person 006 teeth, ready
007 necklace, neck 008 people, busy
C 009 smart, popular 010 hair, beautiful
011 strong, brave 012 thirsty, hungry
013 head, toe 014 tall, feet
015 children, ages 016 finger, hand
017 rich, famous

해석

001 그녀는 나이에 비해 똑똑하다.
002 그는 너무 귀여워. 그의 이름이 뭐니?
003 그 도시는 오랜 역사로 유명하다.

004 그녀의 아이는 5월에 태어났다.
005 그녀는 따뜻한 마음씨를 가진 상냥한 사람이다.
006 이를 닦고 잘 준비해라.
007 그는 목에 목걸이를 하고 있다.
008 많은 사람들은 학업과 일로 바쁘다.

DAY 03

p.32

A 1 happy 2 calm 3 lonely
4 afraid 5 great
B 1 glad 2 feel 3 upset
C 1 sad 2 proud 3 excited
4 nervous

해석

B 1 나는 널 도와서 기뻐.
2 이제 몸이 나아졌니?
3 그는 일에 대해 매우 속상해 보였다.

DAY 04

p.38

A 1 boring 2 interesting 3 amazing
4 scary 5 wonderful
B 1 like 2 exciting 3 worry
C 1 hate 2 fantastic 3 strange
4 surprising

해석

B 1 나는 노래 부르기를 좋아한다.
2 그 TV쇼는 흥미진진했다.
3 그에 대해 걱정하지 마. 그는 괜찮을 거야.

DAY 05

p.44

A 1 family 2 scientist 3 reporter
4 wife 5 job
B 1 become 2 parents 3 pet
C 1 aunt 2 writer
3 police, officer 4 take, care, of

해석

B 1 나는 조종사가 되고 싶다.
2 그는 부모님과 함께 살지 않는다.
3 내 가족은 반려견 두 마리가 있다.

1001 Sentences Review pp.45-46

A 018 cried, sad 019 strange, scared
  020 glad, better 021 afraid, calm
B 022 firefighter, amazing
  023 pet, family 024 sorry, right
  025 bored, fun 026 funny, laughed
C 027 happy, cousin
  028 become, reporter 029 nervous, job
  030 hate, lonely, like 031 upset, terrible
  032 farmer, takes, care, of
  033 surprised, police 034 exciting, fun

해석

018 나는 그 슬픈 소식을 들었을 때 울었다.
019 나는 이상한 소리를 듣고 무서웠다.
020 네가 몸이 나아져서 난 기뻐.
021 두려워하지 마. 그냥 침착하게 있어.
022 그 소방관은 굉장한 일을 했다.
023 내 반려동물도 내 가족의 일부이다.
024 미안합니다. 괜찮아요?
025 나는 지루해. 재미있는 무언가를 하자.
026 우리는 재미있는 영화를 보고 웃었다.

DAY 06 p.52

A 1 move 2 sound 3 sit
  4 rest 5 smell
B 1 used, used 2 looked, looked
  3 saw, seen 4 heard, heard
  5 spoke, spoken
C 1 walk 2 보이다 3 놓다

DAY 07 p.58

A 1 break 2 drop 3 hold
  4 leave 5 carry
B 1 put, put 2 sent, sent
  3 threw, thrown
C 1 빠르게[빨리] 2 빠른 3 놀자
  4 연주한다 5 (경기)를 한다

A 1 dream 2 guess 3 mind
  4 idea 5 decide
B 1 remember 2 sure 3 hope
C 1 opinion 2 believe 3 forget
  4 keep, a, diary

해석

B 1 나는 그의 이름을 기억하지 못한다.
  2 너 그것에 대해 확신하니?
  3 나는 내 팀이 그 경기에서 이기길 바란다.

DAY 06-08
1001 Sentences Review pp.65-66

A 035 hope, hear 036 need, get
  037 sat, read 038 looks, rest
B 039 idea, sounds 040 used, cut
  041 decided, watch 042 Touch, feels
  043 dropped, broke
C 044 Remember, believe
  045 sure, dream 046 hurry, up, leave
  047 hear, opinion 048 Speak, mind
  049 know, guessed 050 give, think
  051 passed, smelled
  052 turned, entered

해석

035 나는 네 소식을 곧 듣길 바라.
036 나는 내일 일찍 일어나야 한다.
037 그는 앉아서 신문을 읽었다.
038 그녀는 피곤해 보인다. 그녀는 휴식이 필요하다.
039 네 아이디어는 좋은 것 같다.
040 그는 가위를 사용해서 테이프를 잘랐다.
041 우리는 집에서 영화를 보기로 했다.
042 그 스카프를 만져봐라. 그것은 매우 부드러운 느낌이다.
043 내가 접시를 떨어뜨려서 그것은 깨졌다.

ANSWERS

DAY 09

p.72

A 1 letter 　　2 mail 　　3 show
　4 answer 　　5 news

B 1 said, said 　　2 told, told
　3 met, met 　　4 meant, meant
　5 agreed, agreed

C 1 called 　　2 asked
　3 shout 　　4 lie

해석

B 1 민수는 어젯밤에 나에게 전화했다.
　2 그녀는 "네 이름이 뭐니?"라고 물었다.
　3 소리치지 마. 아기가 자고 있어.
　4 그는 부모님께 거짓말을 했다.

DAY 10

p.78

A 1 example 　　2 later 　　3 possible
　4 true 　　5 about

B 1 loud 　　2 easily 　　3 especially

C 1 Maybe 　　2 again 　　3 just
　4 each, other

해석

B 1 그 음악 소리는 너무 크다.
　2 그녀는 그 퍼즐을 쉽게 풀었다.
　3 그는 특히 중국 음식을 좋아한다.

DAY 09-10
1001 Sentences Review

pp.79-80

A 053 called, news 　　054 lie, again
　055 just, joke 　　056 meet, later

B 057 Suddenly, loud 　　058 shouted, Call
　059 talk, about
　060 show, examples 　　061 Maybe, careful

C 062 really, true 　　063 possible, later
　064 means, Thank 　　065 met, talked
　066 greeted, then 　　067 facts, about
　068 say, hello, each, other
　069 just, Actually

해석

053 나는 네게 좋은 소식을 전해 주려고 전화했어.
054 다시는 내게 거짓말하지 마.
055 나는 단지 그 농담이 재미없다고 생각해.
056 이번 주 중으로 만나서 점심을 먹자.
057 갑자기 큰 소음이 났다.
058 그 남자는 "119에 전화해!"라고 외쳤다.
059 어떤 것에 관해 얘기 좀 할 수 있을까?
060 몇몇 예시를 보여줄게.
061 아마 다음 번에는 조심하는 게 좋을 거야.

DAY 11

p.86

A 1 clothes 　　2 gloves 　　3 tie
　4 dress 　　5 umbrella

B 1 uniform 　　2 socks 　　3 pants

C 1 pocket 　　2 cap 　　3 shorts
　4 put, on, jeans

해석

B 1 그는 경찰관 제복을 입고 있었다.
　2 그녀는 치마에 긴 양말을 신었다.
　3 그 바지는 너무 커. 나는 벨트가 필요해.

DAY 12

p.92

A 1 fruit 　　2 chocolate 　　3 breakfast
　4 spicy 　　5 rice

B 1 drink 　　2 sugar 　　3 spaghetti

C 1 meat 　　2 soup 　　3 dessert
　4 bread

해석

B 1 나는 무언가 마실 것을 원한다.
　2 그 과일 주스에는 많은 설탕이 들어있다.
　3 엄마는 내게 저녁으로 크림 스파게티를 만들어 주셨다.

DAY 13

p.98

A 1 hall 　　2 kitchen 　　3 bath
　4 window 　　5 address

B 1 stairs 　　2 bathroom 　　3 garden

C 1 floor 　　2 wall 　　3 lock
　4 living, room

B　1 계단에서 장난치면 안 된다.
　　2 화장실에 가서 손을 씻어라.
　　3 정원에 있는 어떤 꽃도 꺾지 마라.

DAY 11-13
1001 Sentences Review pp.99-100

A　070 salt, soup　　　071 Fruit, snack
　　072 sandwich, drink　073 gloves, garden
B　074 kitchen, floor　　075 sweet, dessert
　　076 home, shower　　077 restroom, hall
　　078 tie, shoes
C　079 wore, cap
　　080 bread, breakfast　081 stairs, floor
　　082 clothes, bedroom
　　083 jacket, tie
　　084 bedrooms, bathrooms
　　085 button, shirt　　086 spicy, drink
　　087 locked, pocket

---

070 나는 그 수프에 소금을 추가했다.
071 과일은 건강한 간식이 될 수 있다.
072 그 햄샌드위치는 음료와 함께 나온다.
073 그녀는 정원에서 일할 때 장갑을 낀다.
074 나는 부엌 바닥에 숟가락을 떨어뜨렸다.
075 나는 저녁 식사 후에 달콤한 디저트를 먹었다.
076 나는 학교에서 집으로 돌아와서 샤워했다.
077 화장실은 복도 끝에 있다.
078 기다려줘. 나 먼저 신발 끈을 묶어야 해.

DAY 14　　　　　　　　　　　p.106

A　1 fan　　　2 towel　　3 dish
　　4 basket　5 frame
B　1 spoon　2 pan　　3 lamp
C　1 bottle　2 mirror　3 brush
　　4 case

B　1 나는 숟가락으로 수프를 먹고 있다.
　　2 계란을 요리하려면 이 팬을 사용하라.
　　3 여기 너무 어둡다. 전등 좀 켜줄래?

DAY 15　　　　　　　　　　　p.112

A　1 neat　　2 clean　　3 fix
　　4 fold　　5 recipe
B　1 bake　　2 water　　3 mix
C　1 cook　　2 dust
　　3 throw, away　　4 do, the, dishes

B　1 그녀는 쿠키를 구울 수 있다.
　　2 식물에 물 좀 줄래?
　　3 케이크 혼합 가루를 사용해. 그게 더 쉬워.

DAY 14-15
1001 Sentences Review pp.113-114

A　088 fried, pan　　　089 cook, fan
　　090 Add, spoon　　091 Mix, brush
B　092 throw, away, trash
　　093 Set, forks　　　094 Clean, neat
　　095 dishes, washed　096 fixed, frame
C　097 Mix, bowl　　　098 pot, boil
　　099 dusted, case　　100 mirror, brushed
　　101 make, water
　　102 clean, housework
　　103 fold, dishes　　104 recipe, bake

---

088 그녀는 팬에 고기를 구웠다.
089 요리할 때는 환풍기를 켜라.
090 차에 꿀 한 숟가락을 추가해 주세요.
091 붓으로 물감을 섞어라.
092 쓰레기 좀 버려줄래?
093 포크와 칼을 가지고 식탁을 차려라.
094 네 방을 청소하고 모든 것을 정돈된 상태로 유지해라.
095 싱크대에 접시들이 있어서 내가 그것들을 씻었다[설거지를 했다].
096 그는 벽에 그 사진 액자를 고정했다.

p.120

DAY 16

A 1 store   2 sign   3 village
    4 market   5 way

B 1 park   2 street   3 corner

C 1 place   2 city   3 bridge
    4 restaurant

해석

B 1 우리는 공원으로 소풍을 갔다.
   2 먼저 길을 건넌 다음, 직진하세요.
   3 모퉁이에서 왼쪽으로 돌면 빵집이 보일 거예요.

DAY 17

p.126

A 1 drive   2 road   3 train
    4 cross   5 truck

B 1 flew, flown   2 shipped, shipped
    3 rode, ridden
    4 stopped, stopped

C 1 bicycle   2 wait   3 subway
    4 on, foot

DAY 16-17
1001 Sentences Review pp.127-128

A 105 place, parking   106 ride, bicycle
    107 market, corner   108 truck, bridge

B 109 drive, sings
    110 restaurants, street
    111 looking, bookstore
    112 flew, village

C 113 ride, library   114 sign, road
    115 subway, city   116 train, station
    117 park, place
    118 theater, building   119 street, corner
    120 missed, wait   121 way, stop

해석

105 이 장소는 주차를 위한 곳이 아니다.
106 공원까지 자전거를 타고 가자.
107 그 시장은 모퉁이를 돌면 있다.
108 그 트럭은 이 다리에서 운전할 수 없다.

109 운전할 때는 교통표지판을 확인해라.
110 이 거리에는 식당이 많다.
111 저는 근처에 있는 서점을 찾고 있어요.
112 그는 유럽에 가서 작은 마을에 머물렀다.

DAY 18

p.134

A 1 long   2 huge   3 round
    4 thick   5 wide

B 1 short   2 hard

C 1 가볍다   2 부드럽다   3 무거운
    4 원[동그라미]

DAY 19

p.140

A 1 wet   2 dirty   3 safe
    4 open   5 dangerous

B 1 fresh   2 close   3 kinds

C 1 deep   2 colorful   3 dark
    4 different

해석

B 1 신선한 과일과 야채를 먹어라.
   2 문 좀 닫아줄래?
   3 그 도서관에는 많은 종류의 책들이 있다.

DAY 18-19
1001 Sentences Review pp.141-142

A 122 round, shape   123 long, line
    124 different, kinds   125 Open, fresh

B 126 deep, hole   127 heavy, things
    128 same, color   129 different, types
    130 dark, light

C 131 new, light   132 wide, safe
    133 shape, heart   134 part, hard
    135 wet, dirty   136 bright, light
    137 large, thin   138 fresh, medium
    139 colorful, real

해석

122 그 탁자는 둥근 모양이다.
123 버스에 줄이 길게 늘어서 있다.
124 우리는 다른 종류의 음악을 좋아한다.

125 신선한 공기를 마실 수 있도록 창문을 열어라.

126 땅속에는 깊은 구멍이 있었다.

127 무거운 물건들을 들어 올릴 때 조심해.

128 그녀의 머리색은 내 머리색과 같다.

129 그 가게는 여러 가지 종류의 신발을 판다.

130 여기 안은 어두워. 불 좀 켜줄래?

DAY 20 p.148

A 1 often 2 empty 3 piece
  4 only 5 number
B 1 few 2 every 3 little
C 1 never 2 Both 3 all
  4 enough

해석

B 1 몇 가지 질문 좀 해도 될까요?
  2 그 버스는 10분마다 온다.
  3 나는 간식 살 돈이 조금 있다.

DAY 21 p.154

A 1 month 2 next 3 evening
  4 date 5 end
B 1 already 2 second 3 weekend
C 1 after 2 hour 3 forever
  4 all, day, long

해석

B 1 그는 이미 식사를 마쳤다.
  2 금방 돌아올게. 잠시만 기다려줘.
  3 그들은 지난주에 짧은 여행을 다녀왔다.

DAY 22 p.160

A 1 low 2 top 3 outside
  4 under 5 along
B 1 right 2 high
C 1 near 2 around 3 next, to
  4 in, front, of

DAY 20-22
1001 Sentences Review pp.161-162

A 140 soon, noon 141 always, top
  142 still, outside 143 nothing, inside
B 144 often, evening 145 another, piece
  146 next, minutes 147 After, finally
  148 end, month
C 149 few, hours 150 usually, early
  151 both, sides
  152 next, over, there
  153 center, near 154 a, lot, of, empty
  155 around, some 156 Never, middle
  157 All, numbers

해석

140 정오 전에 금방 돌아올게.

141 산꼭대기는 항상 춥다.

142 그는 아직 밖에서 기다리고 있어.

143 그 케이스 안에는 아무것도 없었다.

144 나는 저녁에 종종 산책한다.

145 피자 한 조각 더 먹어도 될까요?

146 다음 열차는 30분 뒤에 도착할 것이다.

147 몇 분 뒤, 마침내 영화가 시작되었다.

148 우리는 이달 말에 이사할 것이다.

DAY 23 p.168

A 1 computer 2 dictionary 3 textbook
  4 eraser 5 cafeteria
B 1 notes 2 backpack 3 pencil
C 1 scissors 2 paper 3 board
  4 classroom

해석

B 1 그는 회의 중에 기록했다.
  2 네 책가방 안에 무엇이 들었니? 그것은 너무 무거워.
  3 펜이 아니라 연필로 써 주세요.

DAY 24

p.174

A 1 difficult 2 important 3 word
  4 art 5 chapter
B 1 begin 2 over 3 teaches
C 1 subject 2 page 3 Let
  4 blank

해석

B 1 언제 영화가 시작되니?
  2 학교는 3시에 끝날 것이다.
  3 제인 씨는 중학교에서 가르친다.

DAY 25

p.180

A 1 perfect 2 learn 3 finish
  4 wrong 5 excellent
B 1 tried, tried 2 wrote, written
  3 raised, raised
C 1 질문 2 잘한다 3 세라
  4 노력했다

DAY 23-25
1001 Sentences Review pp.181-182

A 158 subject, art
  159 textbooks, locker
  160 let, notebook   161 class, begins
B 162 raised, question 163 report, pages
  164 follow, rules
  165 perfect, homework
  166 science, timetable
C 167 History, study   168 good, at, math
  169 studies, best
  170 notebook, math
  171 chapter, important
  172 classmates, cafeteria
  173 dictionary, word
  174 Write, page   175 excellent, learn

해석

158 내가 가장 좋아하는 과목은 미술이다.
159 나는 내 교과서를 사물함에 보관한다.

160 그녀는 내게 공책을 빌려주었다.
161 첫 수업은 오전 9시에 시작한다.
162 나는 손을 들고 질문을 했다.
163 책 보고서[독후감]는 두 페이지 길이여야 한다.
164 우리는 수업 시간에 규칙을 따라야 한다.
165 그는 숙제에서 만점을 받았다.
166 오늘 시간표에는 과학 수업이 없다.

DAY 26

p.188

A 1 contest 2 club 3 group
  4 member 5 together
B 1 chance 2 joined 3 borrow
C 1 speech 2 activity
  3 after, school   4 practice

해석

B 1 내게 다시 한번 기회를 줘.
  2 나는 축구팀에 가입했다.
  3 네 우산을 빌릴 수 있을까?

DAY 27

p.194

A 1 secret 2 friendship 3 trick
  4 nickname 5 online
B 1 problem 2 fight 3 Choose
C 1 mistake 2 grade 3 future
  4 trouble

해석

B 1 그 수학 문제는 너무 어렵다.
  2 나는 내 남동생과 싸움을 했다.
  3 빨간 야구모자와 파란 야구모자 중에 고르세요.

1001 Sentences Review pp.195-196

A 176 mistake, quiz 177 share, secrets
178 together, project 179 club, members

B 180 trouble, fight
181 posters, contest 182 advice, future
183 group, prize
184 choose, speech

C 185 change, online
186 members, nickname
187 share, future
188 volunteered, after, school
189 borrow, return
190 give, up, practice
191 activities, field, trip
192 Join, chance

해석

176 그는 쪽지 시험에서 실수를 했다.
177 우리는 많은 비밀을 공유한다.
178 이 프로젝트를 같이 하자.
179 그 동아리는 30명의 회원이 있다.
180 우리는 싸움 때문에 어려움에 처했다.
181 댄스 대회를 위해 포스터를 더 많이 만들자.
182 그녀는 내게 미래 계획에 대해 조언을 해주었다.
183 우리 그룹은 열심히 노력했고 상을 탔다.
184 나는 내 연설 주제를 정해야 한다.

DAY 28
p.202

A 1 holiday 2 festival 3 birthday
4 balloon 5 album

B 1 invited, invited
2 hugged, hugged
3 married, married
4 welcomed, welcomed

C 1 special 2 event 3 wedding
4 throw, a, party

DAY 29
p.208

A 1 game 2 fashion 3 comic
4 video 5 climb

B 1 sang, sung 2 drew, drawn
3 collected, collected
4 spent, spent

C 1 enjoy 2 film 3 favorite
4 interested, in

1001 Sentences Review pp.209-210

A 193 enjoy, climbing
194 hobby, chess
195 photos, album 196 inviting, special

B 197 birthday, present
198 balloons, event
199 fashion, blog
200 photographs, memories

C 201 enjoy, taking, pictures
202 welcomed, hug
203 wedding, coming, up
204 interested, in, cartoons
205 collect, comics
206 picnic, camping
207 blog, memories 208 spent, video
209 fireworks, festival

해석

193 나는 산을 오르는 것을 즐긴다.
194 그의 취미는 체스를 하는 것이다.
195 앨범에 그 사진들을 넣자.
196 특별한 행사에 저희를 초대해 주셔서 감사해요.
197 생일 축하해! 여기 네 선물이야.
198 그 행사에는 형형색색의 풍선들이 많았다.
199 그녀는 패션 블로그가 있어서, 그곳에 자신의 스타일이
드러나는 사진들을 공유한다.
200 그 사진들은 좋은 추억들을 기억나게 한다.

DAY 30 p.216

A 1 item   2 order   3 menu
   4 list   5 seafood

B 1 sold, sold   2 paid, paid
   3 bought, bought   4 cost, cost

C 1 price   2 serve   3 expensive
   4 on, sale

DAY 31 p.222

A 1 seat   2 pack   3 map
   4 ticket   5 travel

B 1 guide   2 service   3 visits

C 1 pool   2 adventure   3 palace
   4 have, fun

B 1 안내인이 그 무리를 이끌고 있다.
2 그 식당은 서비스가 형편없었다.
3 그는 종종 산책하러 그 공원을 방문한다.

DAY 30-31
1001 Sentences Review pp.223-224

A 210 pay, ticket   211 steak, menu
212 hotel, expensive
213 costs, money

B 214 pack, trip
215 serves, seafood   216 plan, stay
217 checks, price

C 218 plans, visit   219 cheap, items
220 go, shopping, vacation
221 Travel, adventure
222 ticket, seat   223 have, fun, trip
224 check, paid
225 customer, service
226 scenery, beach

해석

210 너는 그 티켓값을 지불했니?
211 나는 메뉴에서 스테이크를 주문했다.
212 그 호텔은 나에게 너무 비쌌다.

213 이 가방은 너무 많은 돈이 든다.
214 여행을 위해 우리 가방을 싸자.
215 이 식당은 오직 해산물만 제공한다.
216 나는 이곳에 이틀 동안 머물 계획이다.
217 그는 항상 가격표를 먼저 확인한다.

DAY 32 p.230

A 1 player   2 sport   3 team
   4 kick   5 jump

B 1 hit, hit   2 won, won
   3 caught, caught
   4 swam, swum

C 1 exercise   2 goal   3 coach
   4 race

DAY 33 p.236

A 1 healthy   2 nurse   3 pain
   4 doctor   5 habit

B 1 hospital   2 hurt   3 medicine

C 1 toothache   2 cough   3 good, for
   4 catch[have], a, cold

해석

B 1 우리는 그녀를 병원에 데려갔다.
2 나는 오래 걸어서 발이 아팠다.
3 이 약은 당신의 두통에 도움이 될 것입니다.

DAY 32-33
1001 Sentences Review pp.237-238

A 227 team, match   228 exercise, gym
229 player, hit   230 coach, soccer

B 231 hurt, kicked   232 medicine, pain
233 sports, healthy   234 scored, goal

C 235 doctor, headache
236 jumped, caught   237 race, hurt
238 nurse, sick
239 good, for, cough
240 go, hiking, exercise
241 medicine, fever   242 bone, hit
243 match, drug

227 그 팀은 결승전에서 이겼다.

228 나는 체육관에서 매일 운동한다.

229 그 선수는 홈런을 쳤다.

230 그는 내 축구팀의 코치이다.

231 나는 공을 찰 때 발을 다쳤다.

232 여기 네 통증에 대한 약이야.

233 사람들은 건강을 유지하기 위해 운동을 한다.

234 그 선수는 결정적인 골을 득점했다.

DAY 34
p.244

A 1 novel   2 review   3 title
4 create   5 design

B 1 museum   2 hero   3 poems

C 1 gallery   2 culture   3 artist
4 paint

해석

B 1 그 박물관은 월요일마다 문을 닫는다[휴관한다].
2 그 영화의 남자 주인공은 경찰관이다.
3 그녀는 짧은 이야기와 시를 쓰는 것을 아주 좋아한다.

DAY 35
p.250

A 1 band   2 stage   3 folk
4 piano   5 internet

B 1 concert   2 huge   3 actress

C 1 comedy   2 beat   3 media
4 musical

해석

B 1 나는 무료 콘서트 티켓이 있다.
2 그는 당신의 열성 팬입니다.
3 그 여배우는 무대에서 굉장했다.

DAY 34-35
1001 Sentences Review   pp.251-252

A 244 piano, band   245 fan, singer
246 danced, music   247 actor, stage

B 248 artist, painted   249 created, design
250 clip, concert   251 gallery, culture

C 252 musical, reviews   253 title, poem
254 fairies, magic
255 drama, comedy   256 based, story
257 clip, media
258 artwork, museum
259 program, mysteries
260 sketch, paints

해석

244 그는 밴드에서 피아노를 연주한다.

245 나는 그 가수의 열성 팬이야.

246 우리는 음악에 맞춰 노래를 부르고 춤을 췄다.

247 그 배우는 무대에서 긴장하지 않는 것처럼 보였다.

248 그 화가는 아름다운 그림들을 그렸다.

249 그녀는 그 드레스의 새로운 디자인을 창조했다.

250 나는 그 콘서트의 비디오 클립을 보았다.

251 그 미술관은 예술과 문화를 경험하기 좋은 장소이다.

DAY 36
p.258

A 1 spider   2 whale   3 animal
4 sheep   5 snake

B 1 (c)   2 (a)   3 (b)
4 (d)

C 1 Eagles   2 Camels   3 Penguins
4 goats

해석

B 1 기린은 긴 목을 갖고 있다.
2 코끼리는 큰 귀를 갖고 있다.
3 거북이는 매우 느리게 움직인다.
4 개구리는 작은 벌레를 먹는다.

DAY 37 p.264

A 1 wild 2 nest 3 pick
4 feed 5 lay
B 1 fur 2 wings 3 trunk
C 1 rose 2 hunt 3 tail
4 plant

해석

B 1 나는 내 개의 털을 빗질해 주었다.
2 그 독수리는 날개를 다쳤다.
3 그 나무줄기에는 작은 구멍이 있다.

DAY 38 p.270

A 1 ground 2 nature 3 stone
4 sand 5 mountain
B 1 field 2 rock
C 1 island 2 river 3 lake
4 air

DAY 36-38
1001 Sentences Review pp.271-272

A 261 plant, grows 262 frog, pond
263 animals, tails
264 deserts, camels
B 265 laid, nest 266 waves, island
267 woods, air 268 life, dying
269 Sheep, field
C 270 live, on, worms
271 Penguins, wings
272 fur, animals 273 life, nature
274 feed, pick
275 Elephants, trunks
276 Mushrooms, grow
277 Eagles, hunt 278 wild, deer

해석

261 이 식물은 따뜻한 지역에서 잘 자란다.
262 개구리가 연못에 뛰어들었다.
263 어떤 동물들은 균형을 잡기 위해 꼬리를 사용한다.
264 사막에서 사람들은 낙타를 타고 다닌다.
265 그 새는 둥지에 알을 낳았다.

266 많은 서퍼들은 그 섬의 큰 파도를 아주 좋아한다.
267 우리는 신선한 공기를 쐬러 숲으로 갔다.
268 바다의 생명체가 오염 때문에 죽어가고 있다.
269 양들이 들판에서 풀을 뜯어 먹고 있었다.

DAY 39 p.278

A 1 summer 2 hot 3 rainbow
4 winter 5 cool
B 1 warm 2 rain 3 weather
C 1 sunny 2 heat 3 snow
4 foggy

해석

B 1 우리는 가까이 앉아서 따뜻하게 있었다.
2 비가 곧 내리기 시작할 거야. 안으로 들어가자.
3 여행하는 동안 날씨는 완벽했다.

DAY 40 p.284

A 1 area 2 gas 3 world
4 help 5 protect
B 1 garbage 2 peaceful 3 harmony
C 1 energy 2 step 3 country
4 earth

해석

B 1 그 쓰레기통은 쓰레기로 가득 차 있다.
2 우리는 평화로운 나라에 산다.
3 그 밴드는 완벽한 조화를 이루어 연주했다.

DAY 39-40
1001 Sentences Review pp.285-286

A 279 season, summer 280 areas, country
281 fall, cool 282 step, snow
B 283 waste, save 284 weather, warm
285 world, helping 286 earth, protect
C 287 peace, harmony 288 Spring, season
289 At, first, step 290 gas, heat
291 country, war 292 waste, oceans
293 sunny, cloudy 294 save, energy
295 built, in, need

279 내가 가장 좋아하는 계절은 여름이다.

280 그 나라의 몇몇 지역은 항상 춥다.

281 가을에는 건조하고 시원해진다[선선해진다].

282 눈을 밟을 때 조심해.

283 물을 낭비하지 마. 물을 절약하자.

284 날씨가 화창하고 따뜻해지기 시작했다.

285 우리는 다른 사람들을 도움으로써 더 나은 세상을 만들 수 있다.

286 지구는 우리가 사는 곳이기에, 우리는 그것을 보호해야 한다.

INDEX

1001 sentences
VOCA

INDEX

EGU
THE EASIEST GRAMMAR & USAGE

EGU 시리즈 소개

EGU
서술형 기초 세우기

영단어&품사

서술형·문법의 기초가 되는
영단어와 품사 결합 학습

문장 형식

기본 동사 32개를 활용한
문장 형식별 학습

동사 써먹기

기본 동사 24개를 활용한
확장식 문장 쓰기 연습

EGU
서술형·문법 다지기

문법 써먹기

개정 교육 과정
중1 서술형·문법 완성

구문 써먹기

개정 교육 과정
중2, 중3 서술형·문법 완성

쎄듀북닷컴(www.cedubook.com)에서 부가 자료를 무료로 다운로드할 수 있습니다.

쎄듀

① 구문

판매 1위 '천일문' 콘텐츠를 활용하여 정확하고 다양한 구문 학습

끊어읽기　　해석하기　　문장 구조 분석　　해설·해석 제공　　단어 스크램블링　　영작하기

② 문법·서술형

쎄듀의 모든 문법 문항을 활용하여 내신까지 해결하는 정교한 문법 유형 제공

객관식과 주관식의 결합　　문법 포인트별 학습　　보기를 활용한 집합 문항　　내신대비 서술형　　어법+서술형 문제

③ 어휘

초·중·고·공무원까지 방대한 어휘량을 제공하며 오프라인 TEST 인쇄도 가능

영단어 카드 학습　　단어 ↔ 뜻 유형　　예문 활용 유형　　뜻이 배열 세번

④ 선생님 보유 문항 이용

Online Test　　OMR Test

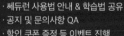
☕ cafe.naver.com/cedulearnteacher

쎄듀런 학습 정보가 궁금하다면?

쎄듀런Cafe

· 쎄듀런 사용법 안내 & 학습법 공유
· 공지 및 문의사항 QA
· 할인 쿠폰 증정 등 이벤트 진행

문법 응용력을 높여주는

GRAMMAR Q

✦ Grammar is Understanding ✦

01

교과서
완벽 해부와 반영

CHAPTER 05 **진행형, 미래 표**

동아(윤)-2과 | 동아(이)-2과 | 천재(이)-3과 | 미래엔-2과
능률(김)-2과 | 비상-2과

동*(윤)-3과 | 동*(이)-3과 | 천*(이)-4과, 6과 ·

02

내신 관리
집중 학습

내신
적중
Point

Point 01 어법상 바른 문장 찾기
인칭대명사에 따라 be동사가 바르게

Point 02 잘못 바위 쓴 문장 찾기
주어가 복수일 때 I·you를 포함하는

Point 03 우리말에 맞게 문장 완성하기
주어가 달라질 경우 be동사도 알맞게

03

서술형 만점
모의 시험

✦ **Writing Exercises**

결과 뜻이 같도록 빈칸에 알맞은 소유격을
완성하세요.

4 다음 사진과 글을 읽고,
알맞은 말을 쓰세요.

04

예습+복습
무료 부가자료

❶ 어휘리스트, 어휘테스트
❷ 예문영작연습지, 예문해석연습지,
예문응용연습지
❸ 서술형 추가문제종합평가
❹ Study Planner

쎄듀북닷컴(www.cedubook.com)에서 부가 자료를 무료로 다운로드할 수 있습니다.

쎄듀